地方都市から子どもの貧困をなくす

市民・行政の今とこれから

志賀信夫＋畠中亨 編著

旬報社

地方都市から子どもの貧困をなくす——市民・行政の今とこれから◉目次

◉第Ⅲ部　子どもの貧困をとらえる視点　理論編

プロローグ——ある地方都市で始まった小さな動き

本書は、宮崎県北部地域[※1]において開始された子どもの貧困対策プロジェクトの一環として刊行されることになった。このプロジェクトは、市民を中心として、多様な人びとがつながり、これまであまり注目されてこなかった「地方都市」から子どもの貧困に対応していこうという目的のもと、継続的に進められているものである。また、当プロジェクトは、日々の支援活動とともに、活動拡大のために種々のイベントを企画・実行するなど、小規模ながらも、徐々に広がりを増している。

当プロジェクトにおけるキーワードは三つ。「子どもの貧困」、「心の貧困」、「地方都市」である。この三つのことばは、本書においてもすべての章を貫いている重要な柱である。

本書を刊行するまでに至ったこのプロジェクトの発端は、決して「計画ばっちり！　気合い十分!!」というものではなかった。だからこそ、より多くの市民の助け合いを生んでいるのかもしれないと、私は前向きに考えるようにしている。

これは、その発端となったエピソードである。

電話をかけるかメールするか、私は迷っていた。「ややこしい人だったらどうしよう」。そんなことを考えながら、結局メールをすることにした。二〇一四年一〇月初め頃だった。

これが私と喜多裕二氏（「のびのびフリースペース」代表）とのファーストコンタクトだった。私は日向市という宮崎県北部地域の出身であり、家庭の事情もあったため、頻繁に帰省していた。喜多氏とのファーストコンタクトも、その帰省しているタイミングでのことだった。

私の研究者としての専門領域は貧困問題であり、学部生のころから継続的に取り組んできた。しかし、子どもの貧困という分野には手をつけたことはなかった。それは、大人の貧困も子どもの貧困もともに考えるべきことであり、あえて子どもの貧困に焦点化して研究を進めていく必要性を感じていなかったからだ。喜多氏に連絡をとったのは、なんとなく話を聞いてみたかったからだ。なんとなく話を聞いてみたいというういい加減な私だったが、喜多氏は懇切丁寧な文章で「今夜勉強会をするから来ていただいても結構ですよ」という返事をくれた。同日一九時、勉強会の開催場所は、喜多氏が「のびのびフリースペース」の拠点としているアパートの一室とのことであった。「のびのびフリースペース」は、日向市よりも二〇キロほど北に位置する延岡市にある。

予定時刻に到着すると、アパートの部屋の玄関口は開け放されていた。これは「いつでもどなたでもどうぞ」という意味をこめて開け放しているとのことである。

喜多氏は、日常的に子どもと話しているせいだろうか、非常に柔らかな口調で応対してくれた。なんと、この日は寒いし雨も降っているということで、私一人の参加であった。「ちょっとまずいな。逃げ道がないじゃないか」と自身の不勤勉を棚に上げて思ってしまった。

後になって喜多氏に話を聞くと、警戒はしていたとのこと。当然である。どこかのよくわからない研究者がノコノコとやってきて話を聞かせてくださいなんて、警戒しない方が無理な話である。好き勝手に子どもたちを研究材料に使われたのではたまらない。

その日、私は喜多氏からある登校拒否の少女からもらったというメールをみせてもらった。もちろん、他者にみせてもいいという同意はとってあるものだ。そのメールをみて、私は自分が中・高生だったころを思い出した。何とも言えない気持ちになったことを覚えている。衝撃を受けたという表現は適切ではない。何だか嫌な気持ちになったのである。

この嫌な気持ちが何だったのか、その後ずっと考えていた。この気持ちは、本書で経済的困窮とならんで中心的なテーマとなっている「心の貧困」と関係している。私も中学・高校のころは学校にあまり行かなかった。いまでは、あの頃の自分は乗り越えたものであり、また乗り越えるべき自分だったと、無意識に整理をしていたところがあった。それが私の誇りであり、強みであるとさえ思っていた。

ところが、喜多氏から見せてもらった一七歳の少女のメールは、あの時の自分そのものだったのである。同族嫌悪とでもいうべきだろうか、そんな心持ちになったのである。

喜多氏から「志賀君だったらどんな返事するかな?」と聞かれ、私は答えにつまった。正直、頭の中に浮かんだ答えは「あまえてんじゃねぇよ、がんばれよ」だった。しかし、それはあの頃の自分が嫌というほど言われたことばだった。

　私は、私自身どうしてこんな答えが頭をよぎったのだろうということを、その後ずっと自身に問うている。二〇一四年から現在まで、本書で登場する「のびのびフリースペース」や「結い」の活動に参加するなかで、しだいに自分なりの答えがかたちになってきた。私の嫌悪感は、私の思い上がりに起因するものだったと今ならいえる。それは、子どもの頃苦労した人物が大人になり、いわゆる「勝ち組」と呼ばれるようになったときに、なぜ貧困の自己責任論を展開するのか（政治家や経営者に多い）という、かねてより私が疑問に思っていたことに対する私なりの回答でもあった。

　貧困とは、低所得の問題だけではなく、「各人にとって善い生き方（well-being）を追求する自由の欠如」であるが、[※2]諸個人にとって「善い生き方」を追求する「自由」は、財・能力・環境の組み合わせによってその広がりが規定されている。

　子どもにとって、財・能力・環境は選択の余地が非常に限られているし、大人にとってはその限られた選択の結果として、現在の各要素のあり方は決定的に左右されてしまう。努力を継続するのは一つの能力であるかもしれないが、その能力は先天的なものではなく環境的な過程の産物であろうし、努力を継続することはそれが許容される環境と財に後押しされねば可能とはならないものである。

　ところで、大都市ではすでに多くの心ある市民によって多様な支援が始まっている。また、地方都市のなかでも比較的人口の多い地域では、内発的に子どもに対する支援が始まりつつある。一方、人口三〇万人程度までの社会的資源が少ない地域における子どもの貧困対策は、多くの課題を抱えていることが少なくない。

宮崎県県北部地域にある日向市、延岡市なども社会的資源が少ない地域の典型例である。そうであるからこそ、本書で記述される事実やプロセスは他の地方都市においても何らかのヒントとなる可能性がある。

先に述べたように、地方都市では子どもの貧困に対応する社会的資源が少ないか、あるいはまったくないということが課題となっている。また、片田正人氏（排除しないまちづくり「結い」事務局長／行政書士片田正人事務所代表）が本書の第5章で論じることになるが、地方都市で市民によって展開されている活動は点で動いており、線や面になっていないという課題もある。宮崎県北部地域の活動も点であった。点での活動は、特定の個人に過剰な負担を迫るものとなってしまいがちで、対象者への支援に追われ、物理的な時間が不足し、結果として経済的な継続可能性や支援組織の拡大にまで手が及ばないということも往々にしてある。

喜多氏、私、そして日向市のとある討論会で知り合った片田氏を中心に作戦会議を行い、こうした課題を一つひとつ言語化し整理しつつ、少しずつ動き始めた。その作戦会議のなかで、研究者としてできることをやるということが私に求められている役割であると、しだいにわかってきた。

地方都市は研究機関も少ない。そのような状況にあって、実際に地方都市で起きている貧困の実態や貧困の現実を生起させている原因について解明しようとするきっかけは、さらに少ない。残念なことに、研究者もより短期間でより多くの業績を提示せねばならないという状況におかれており、研究者の立場からすると、拠点としている大学から近く、なおかつチームを組んで役割分担をしながら取り組める研究活動の方がありがたい。また、チームを組んで研究するということは、そのようなことができるという環境や財が担保できるという裏づけがあってのことである。こうした課題も一つひとつクリアしていくことが必要であった。

幸い、財的な裏づけはとれた。そして喜多氏との信頼関係も築けてきたので、研究者を受け入れる環境も整った。あとは、フットワークが軽く、チームで研究する際のパフォーマンスが高くなるであろう研究者への声かけである。個人がいくら優秀でも、全体の知的パフォーマンスを低下させるような研究者に声をかけるわけにはいかない。

これも運が良いことに、本書で各章を執筆くださった研究者の皆さんは、依頼を快くお引き受け下さった。本書は、あくまでも宮崎県の子どもの貧困対策プロジェクトの一環として執筆するものであり、本書の執筆だけで完結するものではないということ、理論と実践の架橋という点にこだわって、地方都市の貧困に対しどのように研究成果を還元していくのかを今後とも継続して話し合うということにも研究者の皆さんには合意していただいた。

もちろん、これまでの活動のなかには失敗もあったが、それでも少しずつ本プロジェクトは進展している。紆余曲折があって当たり前である。ある会合では、「君たちは一〇〇年かかることをやろうとしている」と言われた。たしかにそうかもしれないが、千里の道も一歩からである。

注

※1　宮崎県は、面積六六八五平方キロメートル、人口約一一一万人、世帯数約四七万世帯である。県庁所在地である宮崎市は、面積二八七平方キロメートル、人口約四〇万人、世帯数約一八万世帯と、人口・世帯数ともに県全体の三分の一を超える数を有している（二〇一六年一月一日現在）。県内の地域を大別すると、宮崎市を中心とした県央地域、都城市を中心とした県南西部地域、小林市・えびの市を中心とした県西部地域、日南市・串間市を中心とした県南部地域、延岡市・日向市を中心とし、山間部の町村を抱える県北部地域という形になる。なお、延岡市の人口は約一三万人、日向市の人口は約六万人である（二〇一六年一月一日現在）。

※2　志賀信夫『貧困理論の再検討――相対的貧困から社会的排除へ――』（法律文化社、二〇一六年）。

志賀信夫（大谷大学文学部社会学科）

本書の読み方

この本を手にとっていただいた方は、子どもの貧困に対して何らかの関心をお持ちの方であろう。しかし、その関心の幅はとてもひろく、またその持っている知識もまた多様であろう。われわれ執筆陣もまた、多様なバックグラウンドを持ち、多様な立場のメンバーである。そのような多様性を持った本書であるからこそ、本書に貫通する「想い」と、どのように本書を読んでいただきたいかをあらかじめご紹介させていただきたい。もちろん、読者には自由に本書を読んでいただきたいし、この小文を読み飛ばして、第Ⅰ部・第1章から順番に読むのも、あるいは気になる章から読むのも自由だと考える。そのような自由と選択もまた、本書のようなテーマを考える大事なキーワードだと考えるからだ。

さて、この書を手にとっていただいた方の多くは、①子どもの貧困に関心を持ち始めた方、②子どもと関わる仕事をしていて、子どもの貧困に関心のある方、③すでに子どもの貧困をなくす取り組みをされている方、以上三つのパターンになるのではないかと、本書の執筆陣は想定している。この三つのパターンに沿って、それぞれどのように本書を読んでいただきたいのかを述べたうえで、本書に貫通する「想い」について述べさせていただくことにする。

(1) 子どもの貧困に関心を持ち始めた方

子どもの貧困について、最近はニュースや新聞記事など、マスメディアの報道で目にすることが増えてきた。詳しくは知らないが、子どもの貧困について関心を持ち始めたような方だったり、福祉や子どもに関する大学・短大・専門学校等で学び始めた初学者がここに当てはまるであろう。このような方々には、ぜひともまずは第1章から順番にお読みいただきたい。プロローグにおいて述べられているとおり、本書は地方都市において子どもの貧困に対応していくためのプロジェクトの一環として刊行されるものであり、多くの方に関心を持ってもらい、自分たちには何ができるのかを考えてもらいたいという意図がこめられている。そして、その意図のとおりに構成された章順となっている。

第Ⅰ部で、子どもの貧困について、地方都市における具体的な事例をまずは知っていただきたい。そのうえで、第Ⅱ部では子どもの貧困の克服に向けたどのような方法があるのかを、地方都市における取り組みから知っていただきたい。そして第Ⅲ部では、理論的に子どもの貧困をどのようにとらえ、そしてどのように対応策を考えていけばよいのかをともに考えていただきたい。具体的な事例から、段階を踏んで抽象的に、理論的に理解を進めていただけるような流れになっている。

(2) 子どもと関わる仕事をしていて、子どもの貧困に関心のある方

学校や幼稚園の先生、保育所の保育士、子ども家庭福祉関係のソーシャルワーカー等、すでに子どもと関わる仕事をされており、子どもの貧困に関心をお持ちの方等が、ここに当てはまると思われる。このような方々は、まずは第Ⅱ部から読み進めていただきたい。おそらく、これまでの経験からある程度の子どもの貧困に関するイメージを持たれていると思われる。第Ⅱ部において、子どもの貧困をなくす取り組みについて知っていただいたうえで、理論的な第Ⅲ部へと読み進めていっていただきたい。そのうえで、第Ⅰ部を読んでいただいて、読者が支援するとしたらどのようなことができるのかを考察していただきたい。

(3) すでに子どもの貧困をなくす取り組みをされている方

ここに当てはまるような方は、すでに子どもの貧困をなくすために様々な取り組みをされている方である。言い方を変えるなら、われわれ以上に実践をされている諸先輩方であろうし、可能であれば、本書を縁にこれから連携させていただきたい方々でもある。このような方々には、本書の気になる章からお読みいただきたい。しかし、あえて順番を提案させていただけるのであれば、第Ⅲ部で理論的な確認・理解から入っていただき、第Ⅰ部、第Ⅱ部と読み進めていただければ幸いである。すでに取り組まれている活動の振り返りや、取り組みのさらなる展開へのヒントの一助となれ

ば幸いである。

最後に、本書を貫通する「想い」について述べさせていただきたい。本書の刊行の経緯については、先のプロローグにおいて志賀信夫氏が述べられたとおりである。われわれは、「一〇〇年かかることをやろうとしている」のかもしれないが、しかし何もしないことは罪であると考えている。われわれはなぜ社会をつくるのか、そしてこの社会には社会保障制度や社会福祉事業といった生活を守るための仕組みがどうして築き上げられてきたのか。先人たちの積み上げてきたものを大事にし、いま存在している「貧困に苦しむ子どもたち」を、その最後にしたいと考えている。本書が、地方都市における子どもの貧困をなくす取り組みに、わずかでも寄与することができれば、何事にも代えがたいものがある。最後に、一〇〇年前に河上肇氏によって書かれた名著『貧乏物語』から、現代に生きるわれわれに非常に示唆的な文章を引用させていただいて、本書の読み方について示させていただくこととする。

世には教育万能論者があって、何か社会におもしろくない事が起ると、すぐに教育者を責めるけれども、教育の力にもおのずから限りがある。ダントンの言ったことばに「パンののちには、教育が国民にとって最もたいせつなものである」ということがあるが、このパンののちにはという一句は千鈞（せんきん）の重みがある。教育はまことに国民にとってたいせつなものではあるが、しかしその教育の効果をあげるためには、まず教わる者に腹一杯飯を食わしてかからねばならぬ。いくら教育を普及したからとて、まずパンを普及させなければだめである。(『大阪朝日新聞』一九一六(大正五)年九月二五日掲載※1)

注

※1　河上肇『貧乏物語』(岩波書店、一九六五年)の「三の三」より。『貧乏物語』は著作権の消滅した作品などの電子書籍化を進めている青空文庫(http://www.aozora.gr.jp/)をはじめ、amazon.co.jpのkindleや楽天のkobo等においても、電子書籍として無料配信されている。

坂本毅啓(北九州市立大学地域創生学群地域創生学類)

第Ⅰ部

子どもの貧困をなくす方法

事例編

われわれは子どもの貧困に、どう立ち向かってゆけばいいのだろうか？　一つの問題を解決しようとするとき、まず初めにしなければならないことは、その問題を正しく知ることだ。「彼を知り己を知れば百戦あやうからず」という言葉がある。敵を知り、自分を知れば、戦いに負けることはないという意味だ。

「敵」である子どもにとっての「貧困」とは何か？　それは、子どもの目線に立って考えなければわからない。喜多裕二氏は、不登校や引きこもりの子どもたちのため、フリースクールを長年運営してきた。活動のなかで、子どもたちが不利や困難に直面する生の姿を、数え切れないほど見てきている。第Ⅰ部では、そのなかのいくつかの事例から、子どもにとって必要なものは何なのかを考えてみよう。

第1章
子どもの貧困を考えるための典型例

喜多裕二
（「のびのびフリースペース」代表）

⊙ケース1　リストカット

ある母親から、「娘（高校二年生）が不登校になり、リストカットがやめられないんです……」という相談を受けたことがあった。母親はどう対応してよいのかわからず、頭を抱えていた。

わたしはその子に手紙を書いた。自己紹介など当たり障りのない内容を書き、最後にリストカットについてふれた。リストカットをしている人は、一人ではないことなどを。手紙を投函して二週間くらい経った頃だろうか、その子の母親から電話があった。「手紙を食卓に何気なく置いておいたら、部屋に持ち込んだ娘が何気なく『この人に会ってみたい……』と言うので、今から連れていきます」と。

数時間後に、母親と一緒に高校二年生の女の子A子さんがやってきた。さりげなく腕を見ると、両腕に斜めにカッター傷を付けた跡が、手首から肘の上まであった。古いものから新しいものまで、痛々しい感じだった。

話を聞いていくと、母親の話からだけでは見えてこなかったことがたくさん浮かんできた。

複雑な家庭と虐待

A子さんには、七歳離れた弟がいた。その弟とは父親（パチンコ店の非正規雇用）が異なっているということだった。彼女が三歳のときに、もとの父親は離婚。新しい父親（非正規雇用のトラック運転手）がきて間もなく弟が生まれた。そして、その父親も五年もしないうちに離婚して離れることになった。彼女が中学二年生のときだった。

そして、高校二年生になったときに、お母さんはさらに別の男性（自営のペンキ職人）と一緒に住むようになった。彼女が不登校になったのは、二番目の父親を迎えたとき、そして、三番目の男性が家庭に入ったときには、リストカットを始めるようになったということだった。

あとからわかったことだが、母親は感情的になることが多く、虐待を繰り返していた。彼女が成人して過去を振り返り、母親について書き出したなかには次のように書かれている。

・小さい頃から「死ね」だの「いらない子」だの「お前はいらないけれどあの人（男）はいる……」とよく言われた。
・何か失敗する度に（ご飯をこぼしたり）思い切りぶたれた。
・弟の父親が嫌いで、遊びに連れていかれても全然楽しくもなんともないのに、「楽しそうにしろ」とか「笑え」とか言って、それもしない私に「つまらない子」「お前といると面白くない」と言った。また、楽しそうにしていない私に不機嫌になって「うるさい」とか冷たくなった。
・弟の父親を好きになれず「いやだ」と言ったら「じゃあ、あんたが出て行けば」と言った。

世帯内での孤立・貧困状態

A子さんとやりとりをするようになって、時折、公衆電話から連絡があるようになった。「携帯が止まってしまった……話しに来られませんか……」と。たいていは駆けつけると、電話ボックスの中に座り込んで泣いていた。ちょうど、ゴールデンウィークに入って間もなくのことだった。

会いに出かけて、話を聞いて驚いた。A子さんの母親は、土日や三連休など休みになると、決まって遠出をするとのこと。「一緒に行きたくない……」とA子さんが断ると、母親は一緒に住みだした男性と弟と一緒に、黙って出かけるのだそうだ。食費を置いていくわけでもなく（時には、二〇〇〇円ほどは置いていったこともあったとのこと）、また、冷蔵庫の中は空っぽ。たとえ食料があっても、「家の中の物はすべて私の物だから手を一切つけるな、お前の物は無い」と母親から言われていたようだ。もし手をつけたら、帰って来て何をされるかわからない。二〜三日なら友だちの家に行くけれど、長い連休で行き場がないと連絡してきたのだった。

取り上げられた卒業証書

A子さんは、高校二年生を二度経験した。どうしても、在籍している学校を卒業したいという気持ちが強かったようだ。しかし、この留年には彼女の知らない隠された事情もあった。奨学金を母親が使い込んでいたのである。同居を始めた男性が自営業であったため、その資材費として、あるいは遊興費として。そこで、それを隠すために「学校は行かなくてもいい」と勝手な用事を作り、休ませられたこともあったようである。

高校三年生になると、進路の問題が出てくる。A子さんは、自分の才能を生かして推薦で大学に合格することができた。ただ、最初に必要な経費（入学費、教科書代等々）を借りなくては入学は叶わない。そのため、奨学金借り入れの保証人を頼むため母親の実家を訪ねたときに、「お金をかけて女が大学に行かなくてもいい」と言われたとのこと。実家も自営業で貧困状態だった。

そして、卒業式の日（母親も参加）、卒業証書を授与された後、彼女は職員室に一人だけ呼ばれた。告げられたのは「お母さんが授業料を滞納しているので、卒業は保留になります。授業料が納入されたら証書渡しします」の言葉だった。彼女のショックの大きさは計り知れないものだった。当然、彼女は大学入学の道も断たれ、絶望を感じた。涙をいくら流しても止まらなかった。そこから、彼女はアルバイトにあけくれた。しかし、時給七〇〇円にもならない給料では、いくら頑張ってもなかなかお金は貯まらなかった。そんなときに、友達の紹介でデリバリーヘルスの仕事もした。お金がある程度貯まって卒業証書を自分の手にできたのは、半年後だった。

◉ケース2　妊娠

B子さんとの関わりをもったのは、彼女がまだ一六歳の頃だった。すでに妊娠をしていた。母親から夜八時頃、電話が入ってきた。「妊娠した娘が友だちのところをあちこち泊まり歩いています。ようやく居場所がわかったのですが、家に連れて帰るわけにいかず困っています。フリースペースにとりあえず連れていっても構いませんか」と。

母親に連れて来られたB子さんは、まだ幼さが残る子だった。B子さんはその夜から、出産までの半年間、フリースペースで過ごすことになった。

寝付けない夜

B子さんの生活がフリースペースでスタートした当初は大変だった。未明になると、必ずといっていいほど電話がかかるのである。

話しながら、なぜ家に帰られないかを聞いた。B子さんが小学校に入学して間もなく、父親の仕事がうまくいかなくなったそうである。それから、父親はストレスから母親に暴力をふるうようになった。B子さんが小学校三年生の頃になってくると、父親のDVが激しくなってきた。母親は、そのたびに家を出て、数日帰ってこなかった。父親のいないとき、三人姉妹が学校に行っていないときに、母親は帰って来て食事の準備をしたり、洗濯をしたりしていたようである。父親は、三人姉妹に週四〇〇〇円渡し、「勝手に食事しろ」と放置するということが続いた。三人姉妹で相談し、安売りの即席ラーメンがほとんど毎食のことだったそうだ。時折、母親から「お母さんは近くにいるから心配しないように」と電話が入ると、姉妹のなかの誰かが電話に出ている間に、他の誰かが母親を探して近所を回ったそうだ。

祖父も暴力を

小学校高学年になったときに、両親の離婚が成立した。母親は三人姉妹を連れて実家の庭の一角に建てられた離れで暮らすことになった。小学校は転校することなく、一〇キロ以上離れた学校に、すぐ上の姉とボロボロの自転車で通った。最初はそれでもよかったのだが、体の小さかったB子さんにとっては大変なことだった。姉との時間が合わなくなると、学校に行きたくなくなることが出てきた。B子さんが学校に行っていないのを祖父が見つけると、彼女を責め、暴力を振るうようになった。中学校の生活はその繰り返しだったという。そこから、彼女は友だちと夜に出歩き、友だちのところを泊まり歩くようになったのだそうだ。

泊まり歩くうちに

中学校を卒業したB子さんは、定時制の高校に進学した。アルバイトをして稼ぎながら高卒の資格を取るためである。コンビニ、ファミレス、ラーメン店。少しでも時給の高いところを求めて、あちこちで働いた。しかし、最低賃金にも満たないこともあった。高校生は高校生賃金を設けているところがあったからである。

そうしているうちに、同様に家庭の状況が複雑で寂しさを抱えている仲間が集まるようになった。このときに男の子と付き合いができて、彼女は妊娠した。その男の子の家庭も複雑だった。子ども連れの再婚。赤ちゃんが生まれたばかり……。お父さんはとび職、お母さんも非正規で仕事に。住まいも古い小さな借家。自宅に「居場所」がなかったようである。そんな子どもたちがスマホのLINEで結びつき、遊び歩いていたのである。

使い古しのバスタオル

B子さんの荷物は小さなバッグ二つと、ブレーキのきかない自転車だけだった。バスタオルは破れていて、フェイスタオルも何年使っているんだろうというもの。新しいものをあげたのだが、「古いのがいい、使い慣れているから」となかなか新しいものは使おうとはしなかった。もちろん、衣服も少なく、普段は中学校時代の体操着を着ていた。

食生活

食べることに関しても驚くことがあった。妊娠をしているので、できるだけ栄養価の高いものをと考えたのだが、主食にご飯を炊いて提供しても、即席ラーメンを欲しがるのである。彼女自身では、副食の調理もほとんどできない状態であった。

母親の嘆き

母親に聞いた話では、三人の子どもを食べさせ育てる生活は大変だったようだ。厳格な実父からの援助はまったくなかった。少しでも多くの収入を得たいと考えるのだが、時給が高いと社会保険などなかったのだそうだ。仕方なく昼間は、給料が安くても社会保険などの充実した仕事に就き、夜は、別のアルバイトを。睡眠時間は六時間もとれたらいいほう。働き詰めで、子どもたちに食べさせるのが精一杯。お小遣いなどをあげる余裕はなく、B子さんの姉二人は高校生になるとアルバイトで稼いでいた。

半年後に

母親が日中は仕事で忙しいため、私が産婦人科の一ヵ月ごとの検診に連れて行き、半年後にB子さんは出産した。出産直前に母親と、一部屋しかない古い借家に引っ越していった。

彼女は出産後の半年くらいは子育てをしたようだが、それからは夜の街にまた出かけ始めた。赤ちゃんを母親と姉たちに押し付けて。そして今年、また夜の遊びのなかで知り合った別の男性の子を出産した。

◎ケース3　ひきこもり

C君との出会いは、中学二年生の夏休みに入る直前のことだった。C君の母親から「息子が学校に行かなくて困っています」と相談電話が入ってきた。

C君には二人の姉がいるとのこと。姉たちが思春期に入り手がかかるようになって、母親の注意がC君から離れがちになり、気がついたら学校に行かないことが多くなったとのことだった。ところが、相談を受けるうちに、それ以外にも家庭に問題を抱えていることがわかった。

「金策に行ってくる」

C君の父親は、自営の職人である。自分一人で近隣に飛び込みで営業をし、仕事を得て働いているとのこと。一見すると、平凡な家庭のように見えた。ところが、母親から話を詳しく聞くと、父親の大変なところがわかってきた。ギャンブル依存症だったのだ。

父親は週に数日、「金策に行ってくる」と母親に伝え、出かける。その金策というのがパチンコだったのだ。自宅から車で一時間以上かけた街中まで出かけていくのだ。パチンコのためのお金は、営業して請け負った仕事の前払い金だった。しかし、それだけでは足りず、多数の金融機関や消費者金融などからの借金が膨らんでいった。そんな父親の生活は、結婚当初からだったそうだ。母親は、こんな男性なんだとしか考えなかったそうである。

やがて借金で身動きがとれなくなり、精算のために親族会議が頻繁に開かれるようになった。これがC君が学校に行けなくなった時期と重なるのである。

父親の話

C君の父親に話を聞いたことがある。C君については、「なんとかしてやらんといけないと思っています。とにかく、部屋から出して外に連れ出そうと思い自分では考えてはいるんだ」と。しかし、口だけだった。進展はまったくなく、その後何年間もその状態が続いている。現在も。

引きこもりの始まり

夏休みが終わって以降、C君の引きこもりが始まった。高校生の姉たちは、相手にもしてくれなかった。母親も、食べるために朝から夜まで仕事。C君に真摯に対応できる相手は、家族にはいなかったのである。

その後、C君が一七歳になろうとするときに、また問題が起こった。突然、金融機関、消費者金融などから母親の職場に給与の差し押さえがきたのである。母親の職場だけではなく、一番上の姉が働いていた職場にも。父親は、お母さんや一番上の姉を連帯保証人として、またお金を借りていたのだ。

一番上の姉は、家を出て一人暮らしを始めた。C君のすぐ上のお姉さんも奨学金を貰って進学し、家を出ていった。

お母さんの入院とメール

母親は疲れ切っていた。C君が一八歳になる前に、精神科に入院することになった。自宅にはC君と父親の二人になった。ちょうどその時期に、C君は私にメールを送ってくれるようになった。

「初めてまして、こんばんは。始めに言っておきますが、こちらからそちらにメールすることは一切ありません。そちらからのメールを返信する場合のみとなります。それと返信するタイミングですが、一週間後になろうが一ヶ月後になろうが一年後になろうが俺の気分次第なのでその辺頭に入れておいてください。……（中略）……いきなりで申し訳ないんですがそろそろ生きるのが限界で安楽死したいんですがどうすればいいでしょうか。もうあれ（母親）には何回も何回も話しましたし、話をしてるだけでイライラするのでもうあれと会話することもないでしょう。

まぁ、無理なら無理で自殺も考えてますが馬鹿な俺には飛び降りぐらいしか考えつきません。ネットで探せばいくらでも方法は見つかると思いますが。とりあえず早く終わりたいのでよろしくお願いします。……（中略）……それからあいつらのことを母（笑）とか父（笑）とか呼ぶのもやめてください、俺から見ればうんこ（母）とゴミ（父）ですから。

ちなみにこいつらと会話する気はもうありません、うんこは嘘ばかり、ゴミにいたっては会話すらしようともしない。したとしてもすぐ黙るか寝たふり。生活を変えるとかもうどうでもいいです、早く楽に死ねればこいつらがどうなろうと知ったこっちゃない。ちなみに直接他人と会話するとかはもうしません、面倒臭いんで」。

食生活

C君とやり取りをするなかで驚いたのは、食生活についてだった。母親が入院しているので、父親が買ってくる一日に二個の弁当だけ。ある日、便秘でお腹が痛いので薬を買ってきて、と私にリクエストメールが入り、購入して届けたことがあった。C君は外に出ないので、色は白くやせ細っていた。ごみ屋敷だった。ドアを開けて、彼の部屋まで袋に詰められたごみが山積していた。そんな環境で、彼は一日中好きな時間に起き、ネット三昧、そして好きな時間に寝るという生活を繰り返していたのだった。

続く引きこもり生活

C君は、いま現在も引きこもり中である。一時、保健所などと連携をして、外に出せるかなという状態までいったのだが、残念ながらできなかった。また、保健所の担当者が転勤、一からやり直し。父親のギャンブル生活も変わらずである。ギャンブルに通うための手段である車を処分できず、生活保護も受けないまま極貧の生活が続いている。

第2章

子どもの「居場所」の必要性

――「心の貧困」と「のびのびフリースペース」

喜多裕二
（「のびのびフリースペース」代表）

1　宮崎県で初めてのフリースペース

宮崎県延岡市に「のびのびフリースペース」を立ち上げて五年ほど経った頃、「居場所」ということばに出会った。それは、定時制高校に通う生徒が授業を終えた後、バスを待ちながら私にかけてきた電話での会話のなかのものだった。「家に帰りたくないんだ。家は、食べて寝てそれだけの場所でしかないんだ。居場所がないとよ」と。

そこから、「居場所」ということばにこだわり、当時、関わっていた、学校に行けない子どもたちや行かない子どもたちの背景を見直す活動を始めた。

フリースペースには、複雑な問題を抱えている子どもたちが多く集まってきていた。うつ病傾向、自傷行為、対人恐怖、引きこもりなど、様々な生きづらさを抱えた子どもたちから三〇代の大人たち（フリースペース設立当初から関わっていた子どもたちは、今は三〇歳を超えている）まで。そのなかには、経済的な貧困問題も多く含まれていた。

まずは、おしゃべりをしたり、メールのやりとりをしたり、手紙のやりとりをしたりと、コミュニケーションを通した信頼関係構築を優先してきた。その過程で、子どもたちはフリースペースとはどのような場所か、大人がどのような対応をすることが可能かを探りさぐり理解していく。こうした空間としてのスペースが、やがて「心の居場所」になっていく。「心の居場所」は、子どもとの関係性の構築を通してつくりあげていくものである。

本来は、「学校に行かない、行けない子どものための学校以外の居場所」というのがフリースペースの定義として知られている。一九九二年、当時の文部省は、そのような民間施設へのガイドラインを定め、活動を認知し始めるだけでなく、校長の裁量で学校の出席日数にカウントできるようにした。また、九三年には、フリースクール（フリースペースを含む）に通う小・中学生に通学定期が認められることになった（現在、高校生は出席日数にはカウントされないが、通学定期は認められている）。

こうした動きがある一方で、宮崎県の場合、教育委員会では民間のフリースペースのような居場所を認めていない。宮崎県の不登校の子どもたちの行き場は、適応指導教室（天下りの方が多く、管理強化になっている傾向がある）という教育委員会の設置した場所しか選択肢がないのが現状である。

このような状況のなか、二〇〇〇年三月、私は宮崎県延岡市において「のびのびフリースペース」を立ち上げた。宮崎県内では民間初であり、県北部地域では今でもここだけしかない。

二〇一六年一月現在、通ってきたり、メールやＬＩＮＥでつながったり、手紙のやりとりをしたりしている相手は宮崎県内だけではなく、全国各地にいる。いま現在も、様々な相談に対応し、家庭や学校に自分の「居場所」のない子どもたちの避難場所になっている。近年の相談者の特徴として、子どもたちだけでなく、二〇代・三〇代の若者たち、子育てに悩むお父さん・お母さん方の居場所のほか、ＤＶ（ドメスティック・バイオレンス）被害者も増加傾向にある。

本章に先立って、本書第1章では、「のびのびフリースペース」を訪ねてきた子どもに関するいくつかのケースを紹介したが、本章ではさらに、子どもの「心の貧困」に注目していきたい。

子どもの「心の貧困」は、あるときは経済的貧困の原因となったり、またあるときは結果となる。さらに、経済的貧困を避けようと親が奮闘するほどに、子どもの「心の貧困」を増長してしまうこともある。

2 「居場所」という言葉の意味と「居場所」喪失の背景

一九八〇年代、登校拒否という言葉から、不登校という言葉が生まれてきた。そして、九〇年代以降にフリースペースやフリースクールが都市部に生まれ、その後、不登校の子どもたちが増えるにつれ、心理的な側面から「居場所」が語られるようになった。

また、社会の経済優先に拍車がかかり、格差が広がるにつれ大人たちに余裕が無くなると、第二次世界大戦後に「施設病」と言われていた愛着障害が普通の家庭でも増えてきた。また、「喪失感」を抱えた子どもたちも増えてきた。こうした状況の変化とともに学校内でのいじめが増え、学校外での子どもの犯罪（刑法犯の悪質化）が社会問題化してきた。

(1) 宮崎県における「居場所」喪失の背景

宮崎県教育委員会の発表によれば、不登校者数は減ってきているとされている。しかし、子どもの数に対する不登校児童生徒数の割合はここ数年、一定の数字で推移している（図表2―①）。つまり、一定の割合の子どもたちが「心の居場所」を求めているとみることができる。

図表２―① 宮崎県の不登校の児童生徒数（学校基本調査より）

年 度	小学校	割合	中学校	割合
2013年度	312	0.49	982	2.91
2015年度	321	0.52	998	3.02
2016年度	299	0.48	912	2.79

出典：宮崎県教育委員会のホームページより筆者が作成

(2) 複雑な不登校の背景――フリースペースへの相談から見えてくる不登校が起こる要因

《事例1 いじめと学校、そして母親の苦悩》

数年前に、一人のお母さんから、不登校になっている小学生の相談を受けた。背景にあったのは、保育園から続いていた（心理的なことばの）いじめだった。小さい町、一つしかない保育園、小さな小学校。相談を受けたときには、小学校四年生の女の子は、学校に行くことができず、自分の部屋で日中もカーテンを引いて引きこもり状態だった。その子は、ほとんど登校することなく小学校を卒業した。

以下は、数年後、その女の子のお母さんから届いたメールである。

「娘は、西臼杵のK中学校に通っております。休むことなく三年生になりました。お父さんは、下の娘と西臼杵にいくために仕事を辞めました。下の娘は月曜～金曜は西臼杵でお父さんと、土日は延岡で私と、という生活です。私と離れて生活することでかなり強くなったと感じます。私は、『幼児期は肌身離さず、小学生からは目を離さず、中学生からは心を離さず』と心掛けてきました。A小学校からK中学校には、『いじめ』でもなく『子ども同士のトラブル』でもなく『母親との確執』と申し送られたそうです。それを聞いた時は、腹が立ってたまらなかったのですが、学校とはそんなとこなんだろうと思いました。

私は、自分の育てかたが悪かったと自分を責め立て、子育てに自信がなくなり、主人とも上手くいかなくなり、何もかも嫌になり離婚して三年経ちましたが、みんなで出掛けたり食事にいったりして、今、すごくいい関係です。いずれ、またみんなで暮らしてもいいかなと思ったりもしています。私は、長女と住んでおります。体の弱かった長女は、高校に入学して二度入院しました。休みがちになりU高校二年の二学期に、S高校に転入しました。喫茶店でバイトしながら高校に通い、今年の三月卒業し、四月から働きながら、さらに勉学に励んでいます。高校を卒業するまでは生きた心地がしませんでした。

学校が全てではないと頭では思っていても、子どもが学校に行かないということは、親にとってはすべてが否定された気がして、何の為に生きて来たのか？　何の為に生きていくのか？　わからなくなりました……日本という国に住んでるからでしょうか？　親としてのプライドが傷ついたのでしょう。正直、子どもと一緒に何度死のうと思ったかわかりません。世の中の人は仲間だと信じて、いろんなことに協力してきた自分が馬鹿らしくなり、世の中のすべての人が敵に思えて心を閉ざしてしまったような気がします。

私も、仕事を変えました。人と接すると何かを感じる。それが、嫌で嫌で親もウツになります。それでも生きていかなければなりません。私のように、子どもがうけたいじめで悩むお母さんをこれからも助けてあげて下さい」。

「先生は、人生の中で、親の都合で子どもを振り回すことはあっても、子どもの都合で親が振り回されることについてどう思われますか? 振り回すというか人生を左右されるという言い方の方が適してるのかな。実は、西臼杵の中学に通ってる下の娘が、延岡の高校を受験するつもりだったのですが、先日、祖母のお通夜で、昔、通っていた小学校のあるところに行った時、下の娘をいじめてた子と話したようでした。何を言われたのか、わかりませんが、それ以来、小林の高校に行くと言い出しました。私達にも来て欲しいと。寮は嫌らしいです。

現在、お父さんは西臼杵で臨時の仕事をしてます。私は、延岡で働いてます。昔、住んでいたところに残したままの家のローンがあるので小林と二重払いになります。中学の三年間は仕方ないという思いできました。言葉ひとつで人生がかわることがありますね。一度傷付いた心は、一生元に戻ることはないのですかね? 『もう大丈夫』がくるのは、夢をかなえて大人になったときなのでしょうか? 仕事辞めて知らない土地に行こうか? と思ったり。ん〜どう考えていいのか? 迷ってます。学校に行かなかった時のことを考えたら、あと三年間と思ったり」。

《事例2　いじめと教師の対応》

「私は、小学三年から中学三年まで、いじめと呼ばれるものをされていました。だから、その時期の思い出は、辛いものばかり。

無視は当たり前でした。時には、言葉によるいじめ『白豚』『黒豚』『キモィ』いろんなことを言われました。あの時は、とても辛かったのを覚えています。傷付く言葉は、言った人は忘れても言われた本人は、ずっと死ぬまで覚えていることでしょう。もちろん、私もです。

あと、机にゴミを入れられたり、机の中に生ゴミみたいな臭いものを入れられたり、私が、学校にくるかこないかでカケをされたり、水をかけられたこともあります。私は、妹が障害者で、妹のことをからかわれたりしたこともあります。ずっと誰にも相談できませんでした。

私は、勇気をだして先生に話しました。でも、先生は、我慢してくれって言うばかり。『いじめてる生徒も悩みがあるから』と。私は、先生に反論しました。『私は、いじめてる人たちのストレスを解消するために存在してるの?』と。先生は、言葉につまってました。

それから、私は教室に行かなくなりました。学校にも行かなくなりました。でも、ある先生が私に、相談室でもいいから来てみないかと行ってきたので、相談室通いを始めました。それからは、毎日学校にいくことができた。一人だからなにも言われることなかったからつらくなかったし。その先生とは仲良くできました。

私は、集団行動が苦手で辛かった。席替えも、苦痛でたまらなかった。みんな友達同士で席をきめ、私が最後に取り残される。そうすると、グループの擦り付けあいが、始まる。じゃんけんで負けた方に私がはいる。私は、じゃまな存在なんだと思ってた。

でも、高校に入ってからは、そんなこともなくなり。今は、友達もできて毎日が楽しいです。

確かに、まだグループの対立があるけど、いじめてる人は、いじめられてる人の反応が面白いからいじめてるんじゃないかな？　私はそう思います」。

《事例3　ある子どもの目にうつった学校生活》

子どもたちは学校生活をどうとらえているのだろうか。ある中学生の目には、次のようにうつっている。


「毎日はコンピューター。

自由を奪うのは楽しいですか？

友達がいてはいけませんか？

金に繋がらない事はムダですか？

空を見上げちゃいけませんか？

これは事実。嘘だと思ったら貴方の背中を振り返って下さい。

いちいち、こうだ、ああだと言うつもりは有りません。

コレが現実。

私が生活していた世界は毎日が勉強だけの世界でした。

成績で子供の価値は決まり、大人に気に入られる子供こそが望まれた人材で有り、期待の星でした。


毎日はコンピューター。

パソコンの様に毎日、指示された問題を解き続け、解けない問題が有ると再起動する時間さえ与えられずに、ただひたすら、活字、記号、数字と向かいあわせの時間が続きます」。

「眠りから覚めると、いつもの毎日が始まります。このまま眠りがさめなければ良いとさえ思う憂鬱な朝がスタートです。親の前では憂鬱な顔を隠し笑顔でおはようと挨拶をし、一秒でも早く身支度をします。

父親との会話は説教から始まり『良い成績とれよ。バカとは付き合うな。成績良い子と付き合え』。そう言われてもトラブルを起こしたくはないので笑顔でうなずき、学校へ向かいます。ただ、生活の為、大きな問題を起したくも無いが故の行為でした。私の生活は成績にかかっています。言い合いしてしまった日には親の気を直す為に大変です。勉強を頑張る。手伝いをする。塾で良い点を取る。習い事を上手くやりのける。そんな事で親に許してもらっていました。何が良いだとか何が悪いだとかそんなどころでも有りませんでした。成績が悪いとぶんなぐられてました。酷い時には包丁を持ち出したり、顔をふんずけられたり、壁に頭を叩きつけれます。だから、子供なりに命がけでした。

心に余裕も無く、空は毎日灰色で、草木にはみずみずしい輝きもありません。星はただ、白く、点になった文字の様で、食事の味など感じもせず、パサパサした物体が舌の中で動き、歯が噛み合い、水で流し込む。ただ、エネルギーになれば良いと言う感覚。

学校でも問題は起こしたくありません。極力問題を起こさない様にしたかった。気持ちに何か問題が生じると、成績に響きます。結果、親に叱られます。そして、生活が苦しくなります。自分で自分の首を絞めるだけです。

クラスメートが嫌な態度だとしても、先生があまりに傲慢な態度だとしても、それに反応しない様にしました。怒る事も辞めました。ただ、調子に乗せてあげる事で偽りの平和を作りました。良い友達もいました。ただ、その友達と癒し合う程の時間は有りません。お互い塾に習い事に、ただただ問題を解く毎日でした。生きる喜びなど有りませんでした。

将来の為、将来の為、そんな言葉で騙されている様な気がしてならかった。でも、言い合うのも流されるか叱られるか、どっちかです。中学受験も終わり入学、入学と同時に高校受験はスタートです。

これが良い青春だと思います?

私はそういう世界から脱落しちゃいましたが後悔もありません。こういう世界は世間体を気にする人の集団です。蹴落としてなんぼの世界。こんなトコでトラぶった一人ですが、今はトラブルに感謝してます。
少年少女の犯罪は起こるべくして起きる事。子どもが悪いと言うなら大人も悪い。蛙の子は蛙」。

(3) 家庭の問題

《事例1 理解してくれない大人と心の寂しさ》

高校一年生のA子さんは、母親（保育士）と祖父（元学校の管理職）の三人暮らしである。中学生の時から学校に行き渋るようになった。学校に行き渋るきっかけは何だったのか、自分でもわからないと彼女は言う。ただ、学校に行けない朝は、母親が車に無理矢理乗せ、学校に着くと、数人の先生が待ち受け、校内に連れていかれることが多かったということだ。その頃から、彼女はなぜ大人は自分の話を聴いてくれず、気持ちをわかってくれないんだろうと思っていた。そして、その心の寂しさを埋めるために、遊ぶようになったとのこと。彼女に会ってみると、本当に街で普通に見かける女の子と変わらない。彼女がフリースペースに来ておしゃべりをするうちに、その心の中を、しだいに話してくれるようになった。ここには書ききれないことがたくさんあるが、以下は、そのなかの彼女がくれたメールの一部である。

「とても言いにくい話です。ですが、何か知りたいので話します。

私は、愛されることはないのだと知り、自分の体が傷つくだけと知りながらも、セックスを要求されるとしてしまうようです。はっきりと話しはしていませんが、愛してもいない人とその行為をした事を母は知り泣いていました。その時はやってはいけないとハッキリ思ったのに、また繰り返してしまいました。なぜか、いけないことをしているのに酷く安心してしまいます。夜眠れないので、自分で行為をしてしまいます。そうすると、眠れます。ほぼ毎日です。そうしなかったらリストカットをして眠ります。どちらも、安心感に浸れる様です。でも、後になると孤独感や虚無感など押し寄せてきます。苦しいです。私はおかしいですか？」

《事例2 「心の居場所」がない》

数年前のこと。時計の針が○時を回って、すぐだった。携帯電話の呼び出し音に目が覚めた。発信先を確かめると、公衆電話からだった。寝ぼけ眼で電話に出ると、ただただ泣きじゃくるだけ。声から、その前の日にも同じように泣きじゃくって電話をかけてきたA子さん（一八歳）だとすぐに気がついた。居場所を聞くと、近くの公園にある公衆電話からだった。とりあえず駆けつけると、公衆電話の外で座り込んでいるA子さんを見つけた。

車の助手席に座っても、小一時間は泣きじゃくっていた。落ち着いてきて、話を聞いて私はびっくりした。前日、昼過ぎに自転車で家を出たのだそうだ。「遠くへ行きたい」「死んでしまっちゃってもいい……」。とにかく、闇雲に自転車をこいでたどり着いたのは一〇キロ以上離れた海岸だったとこのこと。海辺で、波音を聞きながらぼんやりとしていると、近所の人が、「暗くなるから帰んなさい……」と。とぼとぼと、今度は自転車を置きっ放しにして市街へ向けて歩いていると、誰か知らない人が車を止めてくれて駅まで送ってくれたそうだ。それから数時間、あちこちと歩き回った末に、連絡をしてきたとのことだった。

なぜ彼女が自転車で家を飛び出したのか。話を聞いていくと、家が安心できる「居場所」になっていないということがわかった。その日は、夜も遅かったので、A子さん宅に連絡をしなくてはと思っていたら（急なことで、連絡先がわからなかったのだが……）、彼女の母親から連絡が入った。話を聴いてあげている旨を伝えると、ホッとしていたようだった。結局その日、彼女は午前四時頃、フリースペースで眠りについた。

そして、数時間後の午前九時に彼女の母親とファミレスで会い、話を聴くことになった。

家庭は忙しい父親、頑張り過ぎる母親、そしてA子さんに、妹と弟。父親は、仕事がとても忙しく、そのうえ、数年前から職場で勤務評定が入り、毎日が緊張の日々とのこと。家に帰ってきても、家族揃っての食事はまれで、父親は、母親と子育てについての十分な話ができないでいる。また、子どもとの触れあい、会話の時間もとれない。母親は、A子さんが幼い頃から、「子どもたちのことは、私が父親役もしなくては……」と思っていたそうである。そこで、子どもたちに、つい厳しくしたり、極端に甘やかしたり、お父さんが忙しく、子育てはしてくれないと話したりしたこともあったようだ。

子どもたちが幼い頃は、それでも何とかやってきたそうだ。しかし、子どもが成長するにつれて空回りをするようになり、父親と口喧嘩が増えるようになると、子どもたちが離れていった。家族関係がぎくしゃくして、これまで母親にとって良い子であった子どもたちは変わっていった。「お母さんに話しても、通じない。お父さんには話もできない……」とA子さんはこぼす。中学校の時に、学校に行き渋るようになり、お母さんの奨めで入学した高校も行けなくなり、通信制に。通信制を卒業すると、母親から「家はお金がないっちゃから、働いてくれんとね……」と言われ、自分では不本意なアルバイトを始めた。

しかし、「何でもいいから、働けばいいいちゃろ……」という気持ちで始めた仕事。職場で、厳しくされたり、厳しく言われるとミスが多発したり、そうしたことが重なり、今回の家出（死ぬことも考えた）に繋がったようである。母親の話では、「家にはお金がないっちゃから」というのは、決してそうではなく、A子さんに何かをしていてほしいという気持ちからだったようである。その母親の気持ちがうまく伝わらなかったのである。

これらの事例は、生きづらさを抱えた子どもたちのほんの一部である。

3 「居場所」の必要性

(1) 「のびのびフリースペース」に寄せられた子どもの声

「のびのびフリースペース」があるのは、宮崎県北部の延岡市という人口約一三万人の地方都市である。地方都市にある小さなフリースペースに県内各地から、また、遠くは関東からも「居場所」を求めて子どもたちがアクセスしてくる。

この「居場所」は単なる空間としての場所だけでなく、子どもたちの「心の居場所」となるようにしているつもりである。「のびのびフリースペース」が「心の居場所」になり得るとわかると、子どもたちは様々な声を寄せてくる。

「過去に信頼した友人に裏切られ、ずっと相談できる相手がいなかった。余計な心配をかけたくないので両親に話せないことだってある。フリースペースがなかったら、引きこもりになっていた……」。(一六歳・男子)

「喜多さんにまで拒否されなくて良かったです。本当に嬉しかったです。また拒否されていたら、

僕は又、傷ついて、人を信じられなくなっていたと思うから……。」（一四歳・男子）

「朝、メールを見て少しだけ気が楽になりました。今から学校に行きます。一人になると思うけど、少しの我慢です。今日は必ず行くと言ってたから約束は守らなくては。恐いけれど、急に強くなったわけでもないけれど行ってきます。心のどこかで、応援してくれると嬉しいです」。（一六歳・女子）

こうした子どもたちの家庭は、経済的な貧困にあえぐ家庭もあれば、そうでない家庭もある。共通しているのは、「心の貧困」を抱えていることだ。心が落ち着き、豊かになると、驚くほど力を発揮するようになることが多い。経済的な貧困に立ち向かい、学習にも打ち込み、学校などで絶対に無理だと言われた学校に進学する子もいる。

(2) 聴いてあげるだけでもいい、子どもの声を

あるおばあさんから聞いた話。

「わたしは、五人の子どもを育てたけれど、決してよい子育てだったかというとそうは思わんとよね。ただ、子どもにしっかりと食べさせること、子どもがしっかり学ぶことだけを頑張ったね。父ちゃんと。必死だった。その中で大事にしていたのは、子どもの話しをしっかりと聴くことだ

よ。一日中働いて、疲れていても、『おう、そうかそうか……。そんげなことがあったちゃね』と聴いていると、子どもも嬉しそうな顔をしてくれたし、こっちも、話の中に子どもの成長しちょるのがわかると嬉しくて、疲れもとれていくような気がしてね」。

このような家庭が、今どれだけあるだろうか。子どもの声を聴いてくれる「居場所」が、子どもの身近にどれだけあるだろうか。

社会のあり方や働き方が変わって、家族のあり方も変わってきている。それはたしかだ。だから、あるべき家族はこんなものだなんてことはいえない。ここで言いたいのは、子どもの声に耳を傾けることの大切さである。

宮崎の子どもの貧困率は、全国都道府県のなかでワースト六位である。「子どもの貧困」という問題に対応することは、私たち大人の責任である。私は、「のびのびフリースペース」での経験を通して、経済的貧困と「心の貧困」は関係していると思っている。生きづらさを抱えた子どもたちが大人になり、社会のなかでうまく生きていけない状況になったとき、経済的貧困にみまわれるということもあるだろう。子どもの貧困問題に対応しようとするなら、必ずこうした「心の貧困」も含めて考えていくべきである。

最後に。「子どもの貧困」を考える際に、「心の貧困」も同時に考えるべきであるというのは、貧困の予防という観点からだけ主張しているのではない。なによりも、その子どもの将来にわたる「幸せ」が重要だからである。

本頁の絵は、フリースペースを立ち上げて五年目に、約半年間家庭を離れて生活をした子が描いたものである。彼女がこの絵を描いた心の背景には何があったのだろうか。彼女は、「のびのびフリースペース」との出会いがもう少し早かったらと伝えてきた。

彼女は、「I love me」が私は言えるようになった、と言って巣立っていった。

第Ⅱ部

子どもの貧困をなくす取り組み

先行事例編

子どもの貧困が社会に注目されるようになったのは、それが無視できないほど広がってしまったためだ。個人がバラバラに子どもたちを支援するだけでは、拡大し続ける子どもの貧困問題を解消していくことは難しい。個人の力を束ねて、組織として取り組んでゆく必要がある。

第Ⅱ部では、NPO法人など民間団体による、困難を抱えた子どもたちへの支援活動を紹介しよう。こうした団体は、民間ならではの自由な支援活動を、地域に密着しながら展開している。困難を抱えた子どもたちへの支援は、顔の見える活動であり、「あなたの街」にもあるべき活動なのだ。北九州市と宮崎市でそれぞれ活躍する支援団体の先行事例から、どのように活動を組織し、何を行い、どんな課題があるのかを見ていこう。

第3章

地方都市におけるひとり親世帯の現状と支援

日田　剛
（九州保健福祉大学社会福祉学部臨床福祉学科）

1　はじめに

二〇一三年に実施された国民生活基礎調査において、子どもの貧困率は一六・三％にものぼることが明らかになり、センセーショナルに取り上げられた。今や「子どもの貧困」はテレビや新聞など多くのメディアで取り上げられ、その言葉を見聞きしない日はないほどである。このように子どもの貧困に注目が集まる一方で、子どもの貧困とはどのような状態を指すのか、貧困と定義する根拠は何なのか、具体的に説明するのはむずかしい。貧困研究の第一人者である首都大学東京教授の阿部彩は、日本に貧困を測る公式な基準が存在していないことにふれ、この国の多くの人は、戦後の貧しい国民生活のようなイメージでしか貧困をとらえきれていないと著書のなかで指摘した。そして同著書で、相対的貧困の概念を引き合いに出しながら、貧困が子どもにどのような影響を与えるのか、その「経路」を示して大きな反響を呼んだ。※1 また、社会学者の水無田気流《みなしたきりう》は母子世帯の貧困問題から、就労・家族・社会保障制度にまで及ぶ問題点をあぶり出し、母子世帯とその子どもの貧困について、この国の政策が無関心であったことに警鐘を鳴らしている。しかし一方で、北海道大学の松本伊智朗は、貧困問題から「子どもの貧困」は一人歩きをしてしまい、貧困に対する政策から切り離されてしまうことを危惧している。

このように気鋭の研究者たちによって子どもの貧困が明るみになり、最近になってようやく新しい政策が始まったところである。二〇一三年には「子どもの貧困対策の推進に関する法律」（以下、子どもの貧困対策法）が成立し、これをたたき台として「子どもの貧困対策に関する大綱」が閣議決定された。その目的・理念には環境による貧困の連鎖を断つこと、すべての子どもが希望を持てる社会をめざすことが明記されている。そして具体的な施策項目に、教育、生活、就労、経済への支援が盛り込まれているのも特徴的である。実際、第二子、第三子への児童扶養手当増加、ひとり親世帯への相談窓口の一本化、スクールソーシャルワーカー、スクールカウンセラー増員などが進められているところである。ただし、これらの政策に有用性があるのかは不透明である。なぜなら、

図表３―①　各国のひとり親世帯の相対的貧困率

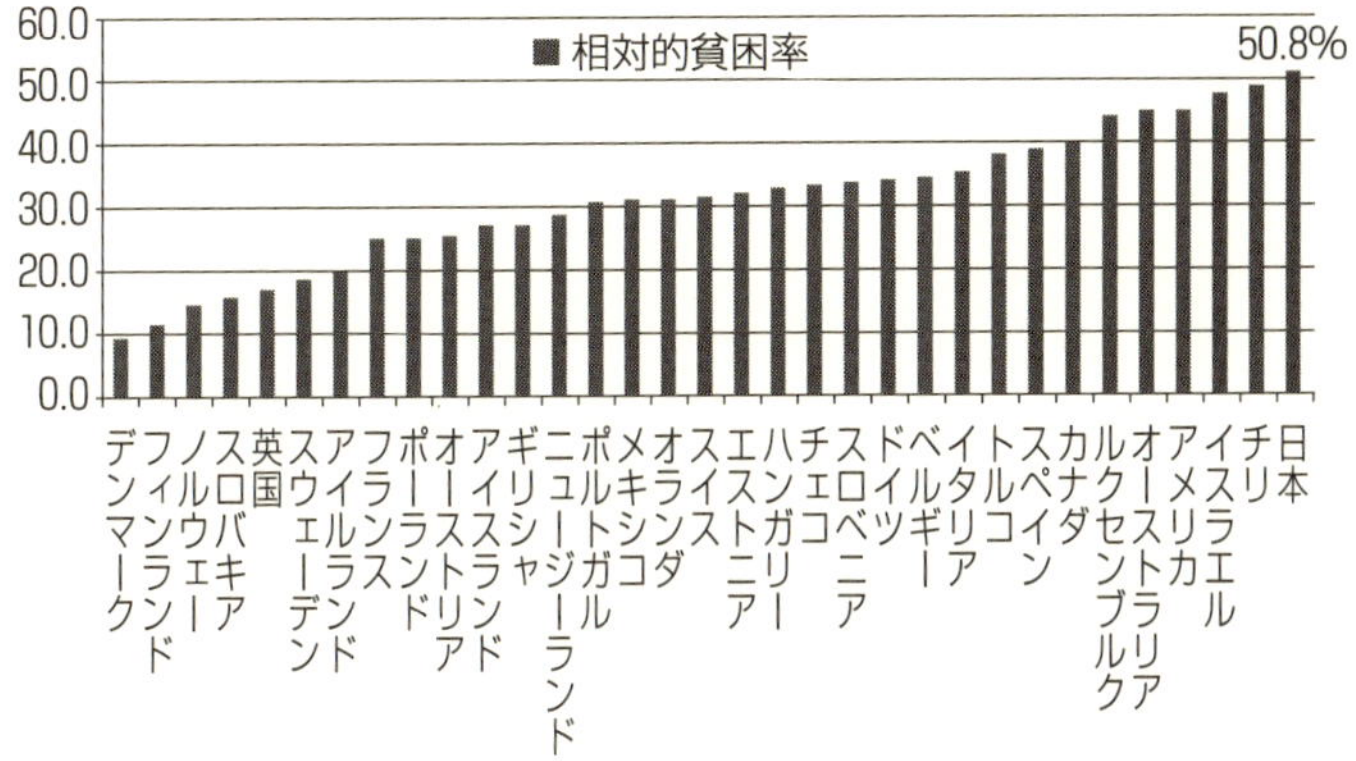

出典：OECD（2014）Family Database “Child poverty”

全国的にひとり親世帯、とりわけ母子世帯の生活困窮はますます深刻化しているからだ。

ひとり親世帯の貧困率は五〇・八％とＯＥＣＤ先進三三ヵ国中では最下位であり（図表３―①）、背景にはひとり親世帯に対する脆弱な社会保障制度や、正規の職員として働くことがむずかしい雇用環境など、様々な要因が影響している。率直に言って、この国はひとり親世帯に対してあまりにも冷たい。安心して生活するための資源が限りなく乏しい。子どもの貧困には、もちろんその子どもの親の貧困があり、世帯の貧困がある。ひとり親世帯には低所得といった表面上の問題に加え、自由に使える時間、社会参加の機会、様々な支援制度に関する情報などの確保がきわめて難しい現状がある。それではひとり親世帯が安心、安定した生活を送るためには何が必要か。収入が確保できれば安定した生活が送れるのか。家事育児と仕事が両立できれば貧困に陥らずに済むのか。本章ではこれらの問いに対するヒントを見つけるべく、とくに深刻な状態であるひとり親世帯の現状に視点をあてる。なおかつ、宮崎県という地方に注目して、ひとり親世帯を取り巻く貧困問題の特徴を把握する。子どもの貧困についての全国的な傾向と問題点に関する鋭い論考は数多く存在する。ただし、この国の貧困問題を考えるならば、俯瞰的な視点はもちろん必要であるが、よりミクロな視点からの考察も同じように必要であろう。各自治体で人口規模や構造、産業、住民意識まで特色があり違いがある。それが宮崎県という地方に注目した理由でもある。

日本女子大学教授の岩田正美は、高度経済成長以降、貧困が分散したために地域に隠された貧困への視点が失われていくと述べた。そうであるなら、なおさら今日の地方に目を向けることは、子どもの貧困への対策をより現実的なものとして形づくっていく契機になると期待を込めるものである。

2 宮崎県のひとり親世帯の現状

(1) 宮崎県の特色

宮崎県は九州の南部に位置しており、年間を通して日照時間が長く温暖な気候から、冬は様々な

図表3—② 宮崎県の自殺死亡率（全国比）

		17年	18年	19年	20年	21年	22年	23年	24年	25年	26年
全国	自殺者数	30,553人	29,921人	30,827人	30,229人	30,707人	29,554人	28,896人	26,433人	26,063人	24,417人
	自殺死亡率	24.2	23.7	24.4	24.0	24.4	23.4	22.9	21.0	20.7	19.5
宮崎県	自殺者数	352人	362人	394人	364人	337人	307人	312人	277人	256人	265人
	自殺死亡率	30.6	31.6	34.6	32.1	29.8	27.1	27.7	24.7	22.9	23.9
	全国順位	5位	5位	2位	4位	7位	6位	4位	6位	9位	3位

出典：宮崎県の自殺対策（「自殺のない地域社会づくり」に向けて）

プロスポーツチームが県内各地でキャンプに訪れ、賑わいを見せる。また、日本一になった宮崎牛[※2]をはじめ、畜産業を含めた農業も盛んであり、農業生産額、野菜生産額、畜産生産額いずれも全国で上位に位置している。北は延岡市、日向市、南は宮崎市、日南市、串間市が海に面しており、漁業にもそれぞれの特徴がある。ブリやカンパチの養殖から、カツオ一本釣漁業、マグロはえ縄漁業などバリエーションに富んでおり、漁獲量も豊富である。このように温暖な気候と豊富な資源に恵まれ、一見すると住みよい地域の印象を持つ。しかし、二〇一六年一月の推計人口は一一〇万六八二六人と、前月から一八六人が減少しており、人口一〇万人あたりの自殺者数を示す自殺死亡率は、他の都道府県と比較しても高い（図表3—②）。

その原因は複合的で複雑であるため、簡単に説明できるものではない。ただ、先進国でもきわめて高い自殺率を示す日本において、先に挙げた水無田気流は、男性自殺者の割合が高いことを指摘し、その背景に経済苦と離別による孤独が影響すると分析している。そうすると、総じて高い自殺率を示す宮崎県でも同様の特徴が見られるのであろうか。

現金給与額から時間外手当や休日出勤手当などを引いた二〇一四年六月の所定内給与額を見ると、宮崎県は二三・八万円であり、全国で四番目に低い（図表3―③）。また、人口一〇〇〇人に対しての二〇一四年の離婚率は二・〇七で、全国では二番目に高い（図表3―④）。そして、自殺者に関して男女比で見ると、圧倒的に男性の自殺者が多い。この数値から単純に傾向を判断するのはやや乱暴であるが、少なくとも県民所得は全国でも低く、離婚率は高いことがわかる。この結果が自殺率の高さとまったく無関係であるとは断言できないであろう。

(2) 宮崎県の母子世帯

宮崎県の母子世帯に関しては、二〇一二年に宮崎県が県内のひとり親世帯を対象に実施した「ひとり親世帯生活実態調査」の結果を参照し、比較するデータとして、厚生労働省が二〇一一年に全国の母子世帯等を対象に実施した「全国母子世帯等調査」の結果を用いることにする。前者の結果によると、宮崎県における二〇一二年時点での母子世帯は一万五六七五世帯、父子世帯は一六四五世帯となっている。二〇〇七年の同調査では、母子世帯は一万五二九四世帯であるため、二〇一二年は増加している。対して父子世帯は、二〇〇七年で二六二一世帯であり、二〇一二年には九七六世帯も減少している。全国的にも母子世帯数は増加し、父子世帯数は減少するといった傾向は見ら

図表３―③　2014年6月現金給与額（千円）

図表３―④　2014年離婚率（人口千対）

出典：厚生労働省（2015）「平成26年人口動態統計月報年計」

れている。
調査時、母子世帯の母の年齢は、四〇~四九歳が最も多く四五・二%、次いで三〇~三九歳が三七・八%である。この割合は、全国的な状況とそれほど違いはない。全国の傾向も母の年齢は四〇~四九歳が四一・七%と最も多く、三〇~三九歳が三五・四%と二番目であった。しかし、この年齢の前後を比較すると、二〇~二九歳は宮崎県の場合は四・六%であり、全国は一〇・四%、五〇~五九歳の割合は宮崎県で一一・七%、全国で八・二%である。誤差の範囲と言えばそれまでであるが、宮崎県の母子世帯の母は全国的な傾向よりも二〇代は少なく、五〇代が多いということになる。同様に父子世帯を見ると、宮崎県の場合、父の年齢が四〇~四九歳が四四・六%で最高であり、三〇~三九歳が二五・三%、五〇~五九歳が二二・八%と続いた。この割合は、全国の傾向とほぼ同じである（図表3―⑤、図表3―⑥）。

さらに、宮崎県では母子世帯となってからの経過年数は、一〇年~一五年未満の割合が全体の三〇・四%を占める。五年~一〇年未満の二七・三%をあわせると五七・七%で、半数を超える。つまり、宮崎県では母子世帯としての生活歴が五年以上ある三〇代、四〇代の母親が多いと特徴づけられる。このことから何がわかるのかを明らかにするために、次節で収入について確認する。

(3) 母子世帯の厳しい経済状況

他の都道府県と比較しても、県民所得が低い宮崎県において、母子世帯の所得が低いことは想像に難くない。母子世帯の母自身の就労収入、その他家族の就労収入、各種年金、手当、養育費、これらをすべてあわせた母子世帯の平均月収は、一〇～一五万円未満が三六・六％と高く、次に一五～二〇万円未満で二一・七％となっている（図表３―⑦）。また、五～一〇万円未満も一九％を占めており、月収一五万円未満の母子世帯が六割も存在することになる。

図表３―⑤　宮崎県ひとり親世帯の年齢（N＝904）

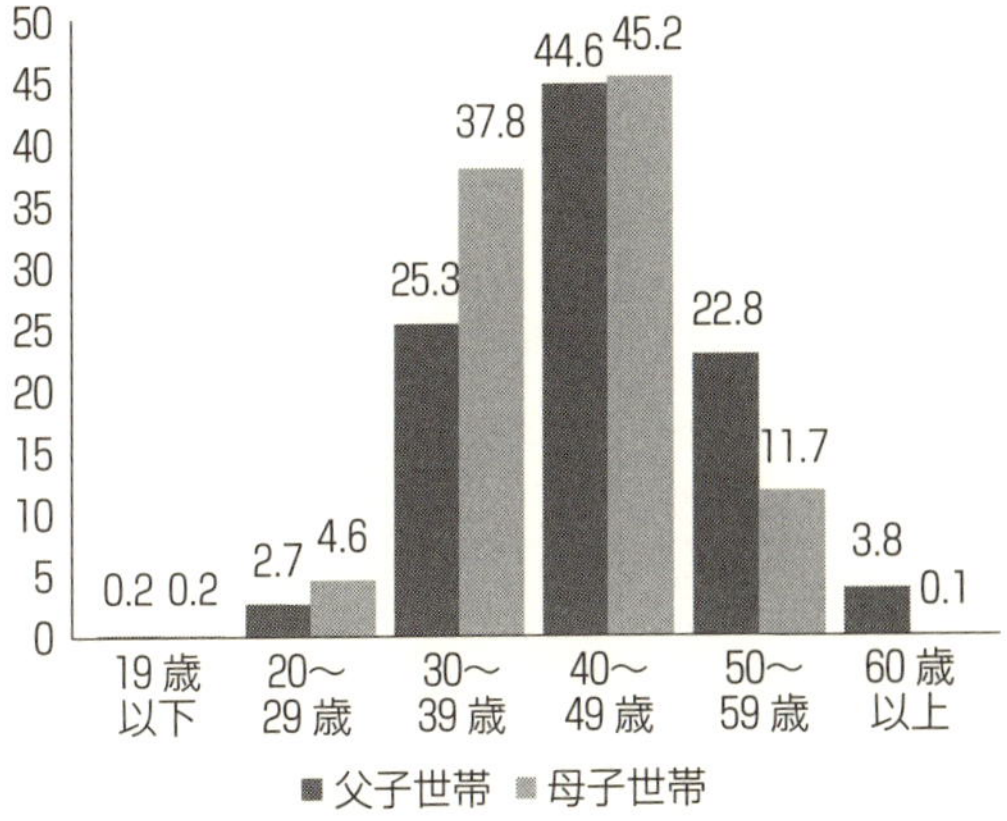

出典：宮崎県福祉保健部（2012）「ひとり親世帯生活実態調査結果報告書」

図表３―⑥　全国ひとり親世帯の年齢

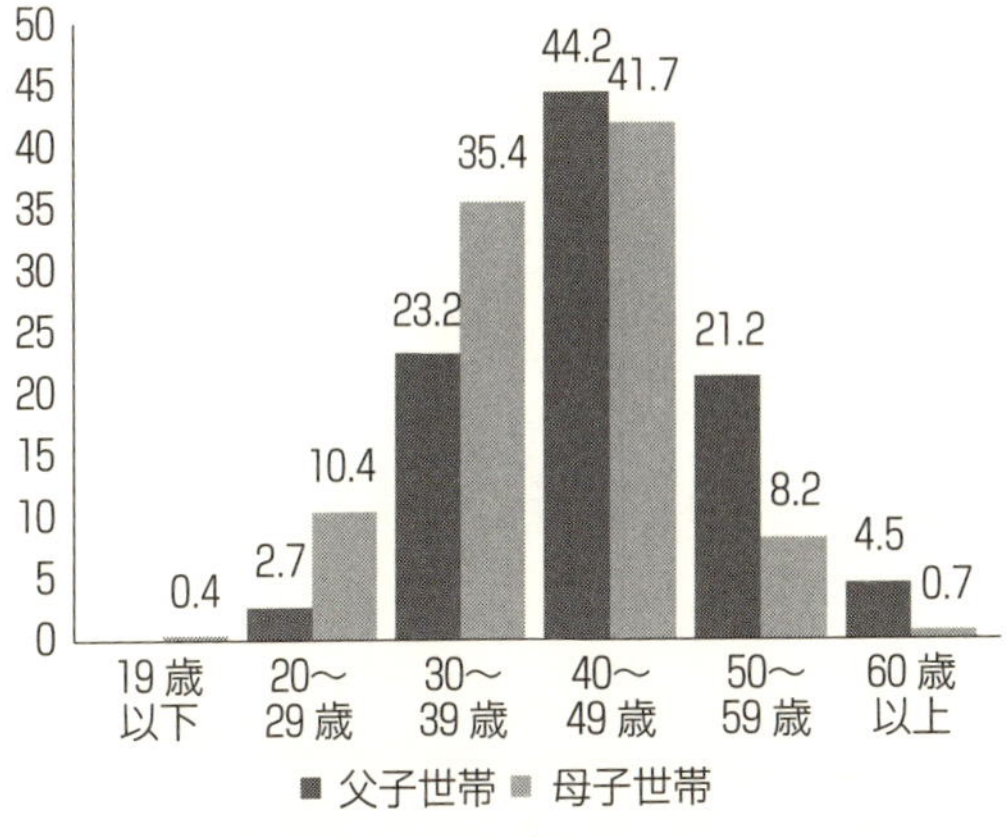

出典：厚生労働省（2011）「平成23年度　全国母子世帯等調査結果報告」

全国の調査は年間収入について尋ねており、母子世帯の年間収入一〇〇万円未満一〇・八％、一〇〇万円～二〇〇万円未満二六・四％、二〇〇～三〇〇万円未満二六・九％、三〇〇～四〇〇万円未満一五・四％、四〇〇万円以上二〇・五％であり、三〇〇万円未満が六割となっている。宮崎県の平均月収を単純に一二倍にして年間収入で換算すると、最も多くを占めていたのは一二〇～一八〇万円未満（平均月収一〇～一五万円未満）であり、一八〇万円未満が六割となる。年収三〇〇万円未満で設定すると、平均月収二五万円未満までの母子世帯の割合を合計すればよいため、宮崎県では八〇％が当てはまる。つまり、全国的に見ても宮崎県の母子世帯の収入はかなり低いことがわかる。また、全国では年間収入三〇〇万円以上の母子世帯が三五・九％であるのに対し、宮崎県はわずか一〇・二％である。よって、全国で見ると比較的収入が多い母子世帯も一定程度存在するが、宮崎県ではそのような母子世帯は極端に少ないと言える。

以上のような結果でも、生活に必要な支出が少なくて済むのならば、全国平均よりも県民所得が低いというだけでは貧困と結びつかない。残念ながら、宮崎県の母子世帯に限った消費支出に関するデータがないため、二〇一四年に実施された全国消費実態調査から宮崎県の二人以上世帯の支出を見る。すると一ヵ月で二五万四七三三円であり、全国平均二九万二八八二円より三万八一四九円少ない。さらに、この差を一二倍にして年間の差を出すと、四五万七七八八円となる。かなり大雑把な解釈になるが、宮崎県の二人以上世帯は全国平均よりも年間四六万円ほど支出が少ない。全国の母子世帯の年間収入は二〇〇～三〇〇万円の割合が最も高い（図表3―⑧）。宮崎県で高い割合は一二〇～一八〇万円未満である（図表3―⑨）。仮に最も割合が高かった年間収入幅の中央を基準として比較すると、全国は二五〇万円、宮崎県一五〇万円となり、一〇〇万円の差になる。年間の消費支出が四六万円ほど少ないにしても、これだけ収入に差があれば宮崎県の母子世帯の生活はかなり厳しいと考えられる。

実際、宮崎県のひとり親世帯実態調査では、「ひとり親世帯となった当時、困ったこと」と「現

図表３―⑦　宮崎県母子世帯の平均月収

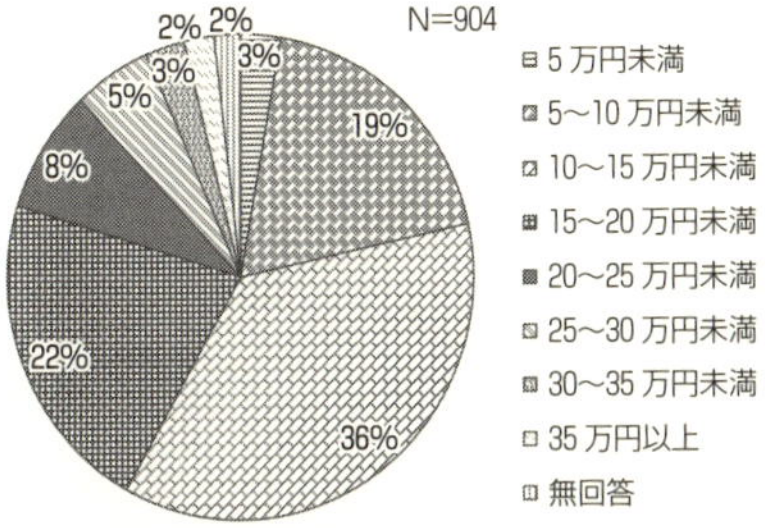

出典：宮崎県福祉保健部（2012）「ひとり親世帯生活実態調査結果報告書」

図表３―⑧　全国母子世帯年間収入（%）

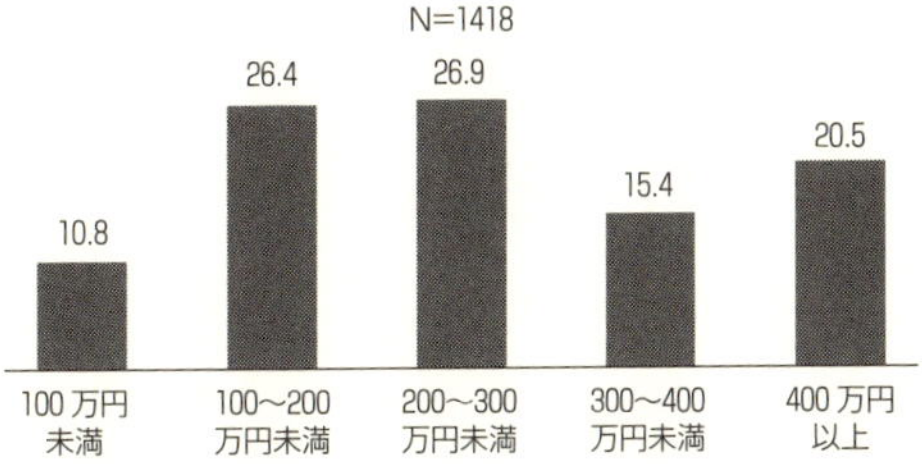

出典：厚生労働省（2011）「平成 23 年度　全国母子世帯等調査結果報告」

図表３―⑨　宮崎県母子世帯年間収入（%）

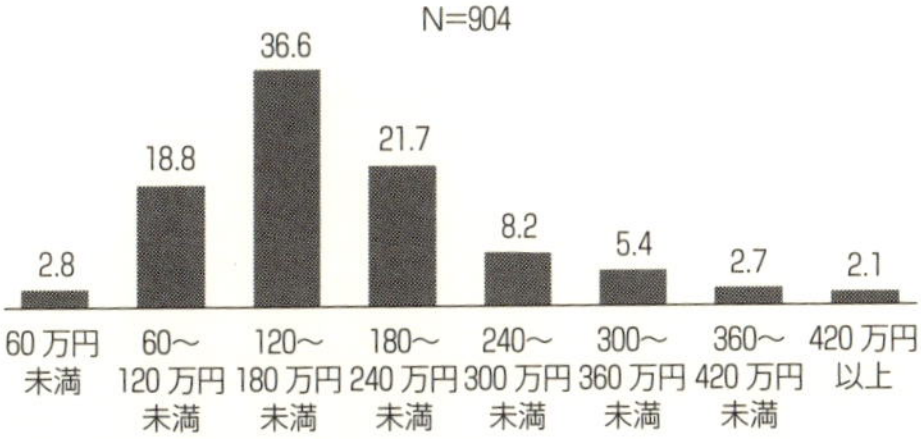

出典：宮崎県福祉保健部（2012）「ひとり親世帯生活実態調査結果報告書」

在、困っていること」を尋ねているが、どちらとも経済的な問題が最も多く回答されている。したがって母子世帯となった当時から、現在まで厳しい経済状況が続いているということになる。しかも、母子世帯となって五年以上経過する世帯がおよそ六割を占めていることから、経済的な問題が解消される見通しもなく、慢性化していると言える。

慢性的な経済問題を抱える母子世帯にとって、どこに住むかは重要である。少しでも家賃負担の少ない住環境が求められるからである。同様の調査結果から宮崎県の母子世帯の住宅の状況を見ると、実家や親族の家に同居する割合が二八・八％と高い。一方で、民間の借家・アパートも二七・二％と同水準の割合となっている。続いて多く占めるのは公営（県・市町村営）住宅で二一・二％であり、この割合は全国のデータ一八・一％よりも若干高い。少しでも負担を少なくするために、家賃のかからない実家か、あるいは比較的家賃が低い公営住宅を求める母子世帯の切実な現状が垣間見られる。

以上、宮崎県の母子世帯の経済状況を全国の母子世帯と比較して分析したが、ひときわ厳しい現状であることがわかった。少ない収入が一番の不安要因であり、消費支出は全国的にも少ないが、それでも苦しい現状に変わりはない。収入を増やす代表的な方法は、高い賃金が得られる仕事に就くことである。次節では、宮崎県における母子世帯の就業状況を見ることにする。

(4) 低賃金の労働と育児の負担

これまでと同様に、宮崎県の状況は「ひとり親世帯生活実態調査」、全国のデータは「全国母子世帯等調査」を参考にする。宮崎県の母子世帯の就労形態は、常用雇用者（正職員）が四一・九％と、最も高い割合を占める。続いて、パート・アルバイト・臨時・非常勤職員・契約職員が四〇％となっている（図表3―⑩）。全国ではパート・アルバイトが最も高く四七・四％、次に正規の職員・従業員が三九・四％となっている（図表3―⑪）。雇用期間の定めのない、いわゆる正職員の

図表３―⑩　宮崎県母子世帯の就業の状況

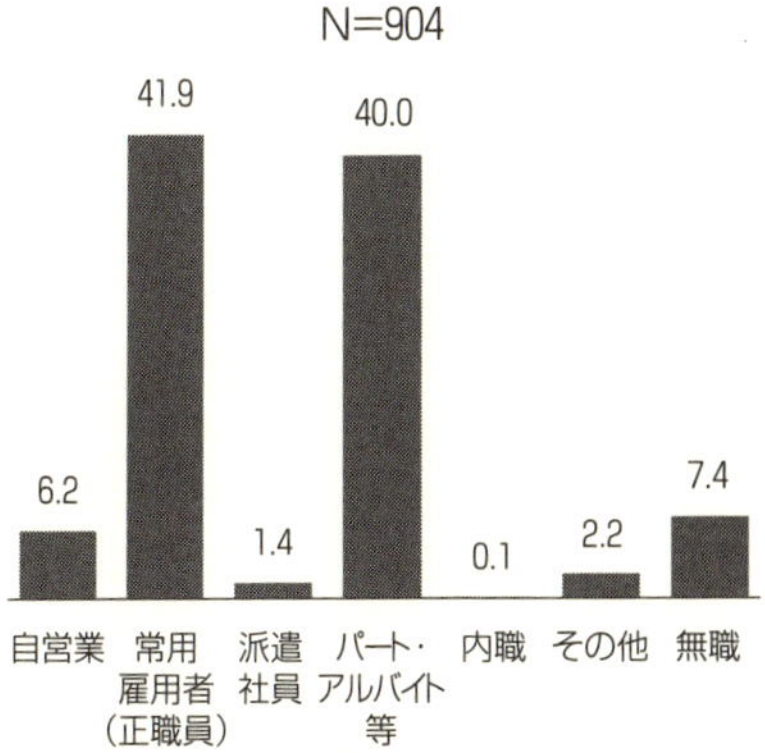

出典：宮崎県福祉保健部（2012）「ひとり親世帯生活実態調査結果報告書」

図表３―⑪　全国母子世帯の就業の状況

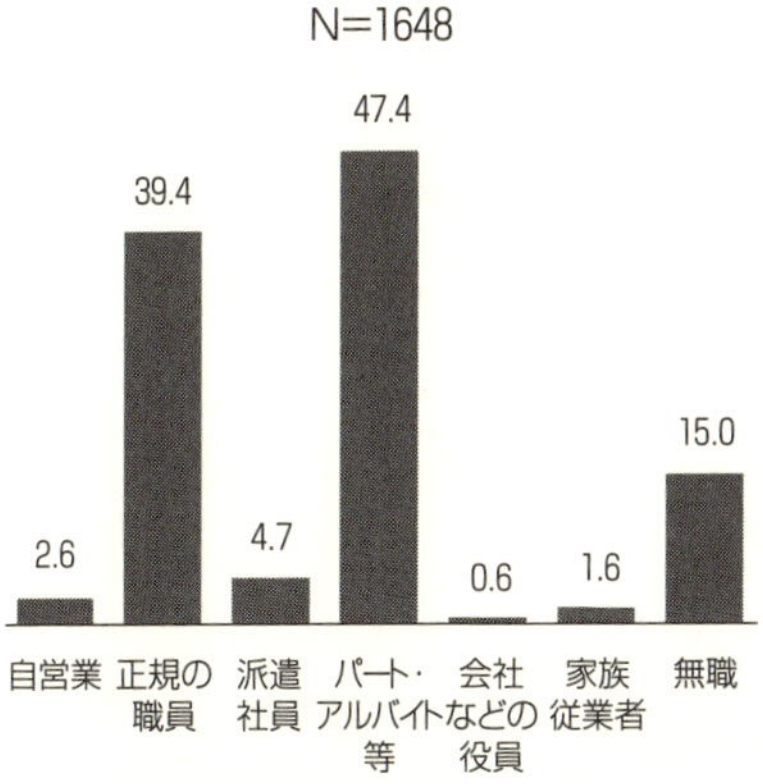

出典：厚生労働省（2011）「平成 23 年度全国母子世帯等調査結果報告」

割合は宮崎県でも全国に比して低くはない。また、意外にもパート・アルバイトの割合の方が正職員の割合よりも低い。宮崎県の調査では仕事上で困ったことを聞いているが、最も多かった回答は「給料が安い」で、四六・八%であった。よって、正職員で働いても十分な収入を得られていないと予想される。

母子世帯のパートタイム労働について調査を行った鳫咲子《がんさきこ》は、従来のパートタイム労働者のような補助的な労働力ではなく、正職員と同程度の基幹的労働力が求められる傾向にあると分析している。したがって、不安定な立場で低賃金ながら正職員と同じレベルの責任がともなう仕事が課せられているといえよう。このような環境はただでさえ仕事を継続するには厳しいと考えられるが、加えて子どもを抱える母子世帯の負担の大きさは計り知れない。

その次に困ったこととして、「子どものことで休むこと」が三三・一%にのぼった。育児にかけられる時間がない不満なのか、仕事を休む後ろめたさなのか、その両方なのかはこの結果からはわからない。少なくとも仕事と育児の両立が難しい環境にあることはたしかであろう。ただし、宮崎県の母子世帯は九一・九%が就労しており、全国の八四・五%と比較しても高い。この理由として考えられるのは、就学前の子どもを昼間は保育所（無認可、事業所内保育所を含む）に預けている割合が比較的高いことが挙げられる。宮崎県の母子世帯の七七・六%が、昼間の主たる保育者に保育所を選択している。全国の割合は六一・七%であり、宮崎県は保育所に預けたくても預けられない待機児童が少ないと推測される。二〇一四年に厚生労働省が公表した「保育所関連状況取りまとめ」では、宮崎県の保育所待機児童数はゼロであった。

一方で、宮崎県の母子世帯では、子どもが病気になった時に介護するのは圧倒的に母親が多く、八五・三％である。つまり、子どもの体調に問題がないときは保育所に預けているが、子どもが病気になると、ほぼ母親が介護をするため、仕事をしている母親は必然的に休まなければならない。「子どものことで休むこと」が仕事上困ったことの二番目にあるのは、以上の理由からだと推測される。

親と同居している母子世帯は宮崎県で三一・三％であるため、この世帯に関しては親に任せることができるように思われる。だが、同居の親族に任せると回答したのはわずか七・一％である。この数値からは、親と同居している母子世帯であっても、子どもに関することを任せていない、あるいは任せられない現状があると読み取れる。その背景はこの調査結果からはわからないが、家賃負担のない実家で生活をさせてもらっているという負い目が影響しているのかもしれない。もう一つ考えられるのは、ひとり親世帯となった原因のほとんどが生別（離婚）であるため、その後ろめたさから親に頼ることがはばかられるという理由である。宮崎県が二〇一四年六月に実施した「結婚・子育て意識調査報告書」によると、子育ての悩み、不安の相談相手として自分の親を選択した回答者は六四・三％と六割を超えた。他にも急用時に子どもを預ける場所は、自分の親が六八・三％で最多であった。結婚生活が継続している場合は、親に頼ることにそれほど抵抗はないのかもしれないが、やはりひとり親世帯になると、親に頼みづらいといった心理も影響しているものと考えられる。

それを裏づけるように、宮崎県の母子世帯では困った時の相談相手として「友人・知人」が最多の五七・七％であった。「実家や親戚の人」は四七％、「同居の親族」は二八・二％である。この回答傾向からも、母子世帯の母親が実家の親に依存せず、経済的にも育児に関しても、なるべく親の手を煩わせずに自立しようとする姿勢がうかがわれる。ちなみに、全国の母子世帯の相談相手は、親族が五〇・六％、知人・隣人が四二・五％となっている。回答の選択肢に違いがあるため単純に比較はできないが、宮崎県の母子世帯は、より友人・知人といった横のつながりを頼りにしているとみることができる。

3　宮崎県におけるひとり親世帯への支援

これまで宮崎県の母子世帯の現状を中心に見てきた。極端に厳しい状況にあるわが国の母子世帯であるが、それは宮崎県にも当然、当てはまる。しかも、離婚率が高く収入の低い宮崎県は、それだけ生活に困窮する母子世帯が多く、子どもが貧困に陥るリスクも高い。低賃金の就労収入を得ることしか生活を継続させる術がなく、常に育児の不安を抱え、困った時には親族よりも友人を頼る、このような傾向の強い宮崎県の母子世帯に対して、他に何も打つ手がないのであろうか。子どもの貧困対策法が成立し、子どもの貧困に注目が集まってはいる。しかし、決定打がないまま問題は深みにはまって解決の糸口が見えない。いったいどうすればよいのか。その答えを探し続け、実践している団体がある。

特定非営利活動法人「ままのて」（以下、「NPO法人ままのて」[※3]）は、宮崎市の中心部に位置する繁華街のビル八階に事務所を構える。事務所といっても二五平方メートルほどのスペースに乳幼児が寝られるベッドや、靴を脱いで児童が遊べるスペースがあり、さながら保育所のようである。この「NPO法人ままのて」は、乳幼児一時預かり、出張託児、各種講座の開催、小学生から中学三年生までの学習支援と幅広い活動を行っている。以下ではこのNPO法人の活動から、宮崎県における母子世帯の支援のあり方を考える。

(1) 市民活動団体からNPO法人へ

NPO法人「ままのて」が法人格を取得したのは、二〇一四年一月である。それまでは、個人事業を経て市民活動団体として活動していた。その発起人である法人代表は、現在の活動の構想を二〇年ほど前から持っていたという。自身が仕事をしながら母親として育児を経験するなかで、母親たちの交流場所の必要性を痛感した。とくに法人代表が生まれ育った市中心部では、母親同士はもちろん、子どもの集う場所さえも減少していき、いつしか育児は地域で支えるものから家庭だけが抱えるものになり、母親の負担増に危機感を覚えた。また、そのような地域社会をつくっていったのも、他でもないシニア世代と呼ばれる六〇代前後の自分たちの世代であることに、大きな責任を感じていたのである。

最初はちょっとしたきっかけで、母親同士、いわゆる〝ママ友〟の交流が始まった。英会話スクールを始めたいという知り合いがいたため、ママ友七、八人に声をかけてスクールを開き、回を重ねていくうちに、忙しいママの代わりに、別のママが子どもを預かるという習慣ができていく。そのうちに託児を目的としたママサークルを立ち上げるのであるが、これは自分自身に負担が集中し、消滅した。しかし、このころから法人代表の頭のなかには、育児をみんなで分担するという構想が具体的になっていったのである。

子どもが手を離れ、家庭での役割がひと段落した頃を見計らい、事業を起こすことを目的に、あるセミナーに参加した。そこで相談を受け付けたアドバイザーに対して、市の中心街で事業を展開すること、事業内容は託児と母親たちの交流場所の運営を柱にする旨を説明すると、おもしろい、と興味を示したのである。中心街にこだわったのには理由があった。以前、中心街の手芸屋でアルバイトをしていた頃、必ず何人かの女性が集まり、店で売っている毛糸を買って作品を作り、他の人に配っていた。このような関わりが発生する場所が中心街だと確信した。育児中の母親が、子どもを預けることができて、そこで同じ立場の母親や人生の先輩からアドバイスを受け、また、自立していくために必要な知識と技術を得ていく、そんな場所を立ち上げることを思い描いたのである。

それから事業化に至るまで、今までに経験したことのない困難が重なった。前例がない事業であるという点が、最も法人代表の頭を悩ませた。しかし、そのたびに強力な助っ人が現れて、二〇一一年四月、宮崎市中心街に「コミュニティーサロンままのて」をスタートさせたのである。当初は子どもの一時預かりと、同時にママたちが気軽に参加できる講座を実施した。当時の「ままのて」の場所は現在とは違い通りに面していたため、外から中を眺めていた人が興味を持って中に入って来るようになった。ベビーカーを押すママが出入りする様子を見て、少しずつ育児世代の母親たちが集うようになっていった。すると、何も用事はない風を装って訪ねる母親たちが徐々に口を開き、実は夫との関係が悪く、孤立しているなど、日々抱えている悩みを法人代表に語るようになった。時には夫側の話を聞いて仲裁に入ったこともあるという。

自身の育児経験や保育士としての知識を駆使してコミュニティーサロン「ままのて」を運営していたが、ママたちの相談が深刻なものになるにつれ、より専門的な知識が必要となった。加えて、個人事業で運営していくのにも限界を感じていた。その時、ちょうど法人代表が個人的に頼っていたファイナンシャルプランナーに「ままのて」のことを説明すると、意気投合して保険関係の仕事とは別に、まったくの無報酬で協力するようになる。また、そのファイナンシャルプランナーの呼びかけにより、複数の専門職が「ままのて」に加わっていった。社会保険労務士、行政書士、社会福祉士や、その他にも現役の県職員なども集まり、活動に参加するようになった。ある程度のメンバーが揃ったところで、ＮＰＯ法人「ままのて」として再出発したのが二〇一四年一月である。

(2) 問題の底に巣食う貧困

専門職をはじめとしたメンバーが、NPO法人「ままのて」で実施する講座を増やして活動を広げていたところ、また新たなニーズに直面することになる。例のファイナンシャルプランナーが保険業で関わる客のなかに、経済的に困窮した母子世帯が多かったのである。そのような人は周囲に頼れる存在が少なく、ファイナンシャルプランナーに生活収支バランスの相談以外にも、育児を含めた生活相談をしていた。そこでNPO法人「ままのて」を紹介して、育児に関しては法人代表がじっくり相談にのるというような対応を図った。相談に来る母子世帯の母は日々の生活にも困窮しており、頼れる存在がいない。しかも劣悪な労働環境で働いて、いつも疲れている。このような環境で育つ子どもは教育の機会が乏しく、年齢に相応した学力が得られない恐れがある。このまま大人になっても、自立して生活するための力も身につかず、貧困から抜け出せず、貧困の再生産につながる。自立できない大人たちが増えると、社会にとっても大きな損害となる。まずは生きていくために必要な基礎学力を修得させなければならない。これがNPO法人「ままのて」が学習支援を始めた背景である。

(3) ひとり親世帯の子どもたちへの学習支援

実際には、二〇一五年四月に学習支援はスタートしている。現在、NPO法人「ままのて」は毎週土曜日の一三時から一五時まで、ひとり親世帯で塾に通っていない小学三年生から中学三年生までの児童、生徒を募り、学習支援を行っている。内容は、国語、数学（算数）、英語、理科、社会など、学校の授業の復習から予習までをボランティアの講師がみている。講師は大学生ボランティア、仕事を引退したシニア世代や社会人ボランティアなどで、現在三五名ほどの登録がある。

この「ひとり親世帯の子ども」と、「塾に通っていない子ども」に対象を絞ったのは、勉強に集中する環境が整っていない子どもが多いと考えられたからである。二〇一六年三月現在、二〇名ほどの子どもたちが毎週通ってきている。しかし、ここまでの人数を集めるのには苦労があった。どこに呼びかければよいか、わからなかったのである。ニーズはあるはずだが、それを発掘する方法がわからない。試行錯誤しながら「ままのて宅習塾」と名づけ、チラシを作成してあらゆる場所に配布し、ようやく問い合わせが増えていった。なお、この「宅習」という言葉には、自宅で学習するという意味があり、宮崎県特有の単語だという。徐々に子どもたちの人数は増えていき、ボランティアも増加して現在に至る。なかには自身も母子世帯で育ってきており、このような支援の必要性を感じて参加しているボランティアの大学生講師もいる。

「ままのて宅習塾」を利用する際に、最初にコーディネーター役の担当者が親子と面談を行うが、そこで必ず、親の思い、子どもの思いを聞くようにしている。そしてほとんどの場合、子どもの夢を打ち消す親の発言が聞かれる。その理由は「お金がないから」である。希望する道に進みたくても、必要な学費が払えないというわけである。ひとり親世帯の支援として始まった取り組みであるため、母子、父子世帯の負担軽減や児童の居場所づくり、学習機会の確保が目的である。したがって、希望する進学校に合格することや、学力の向上という目的に対しては不十分であるかもしれない。それでも学ぶ機会と環境を提供して、生きていく力を養うきっかけづくりには貢献している。貧困の連鎖を断つには、このような地道な活動が欠かせない。

(4) 新たな視点

最近、法人代表には思うところがある。「ままのて宅習塾」に通うこともできないような子どもこそ、貧困の最底辺にいるのではないか。たとえば生活保護世帯は、今の「ままのて宅習塾」にはいない。長く貧困の研究に携わった庄谷怜子は、被保護母子世帯の特徴として、食費と子どもの教育費に支出のほとんどが消えてしまうことを二〇年ほど前から指摘している。また、生活保護受給前から何らかの借金を背負っている場合、人間関係を悪化させ子どもの自立も妨げられる。そのような生活困窮世帯に何らかの支援が必要ではないか。そこで思いついたのが、「子ども食堂」の構想である。母子が集うことができて食べるものを提供する。そして様々な悩みを打ち明けられ、必要な情報も得られるような居場所をつくるのが目的である。この構想も、知人から持ちかけられた相談がもとになっている。DV被害者が一時的に避難する施設であるシェルターで調理の仕事に就いていた知人は、そこで、DV被害者に貧困世帯が多いことを知り、子どもたちに安全な食を提供することの重要性を実感する。その知人はNPO法人「ままのて」代表に、シェルターから次の施設へ移る前の中間的な施設の必要性を説き、温めていた「子ども食堂」の構想につながるのである。現在、NPO法人「ままのて」は「子ども食堂」開所に向けて準備を進めている。ここでも法人代表の強みである広範なネットワークが力を発揮している。

以上のように、幅広く支援を展開しているNPO法人「ままのて」であるが、潤沢な運営資金があるわけではない。託児事業からのわずかな収益と、ままのて宅習塾の場所代として、利用者から徴収する一ヵ月三〇〇円は運営費用をまかなうにはあまりにも少ない。単年度の補助金や法人代表個人の借入金で、なんとか運営を継続している状態である。ただし、NPO法人「ままのて」は、法人を存続させるために活動しているわけではない。制度や政策が届かない、生きづらさを抱えた人たちに対してできることを実践した結果、存続しているのである。つまり、ニーズがあるから活動を続ける、それがすべての原動力なのである。温和なNPO法人代表の熱い思いは、いつしか多くの人に伝染して様々な支援の形となっていった。このような地域での草の根の活動にこそ、危機的な「子どもの貧困」に立ち向かうためのヒントがあると考える。

4　まとめ

「保育園落ちた　日本死ね!!![※4]」が話題になったのは、奇しくもこの原稿を執筆している最中であった。匿名の母親がブログに綴ったこの国に対する辛辣な批判は多くの共感を呼び、社会現象となった。育児の負担を一身に背負いながら、さらに仕事に追われ、なおかつ不安定な立場にある母親の憤懣は、為政者の想像をはるかに超えていたのであろう。

この問題は母親がおかれているアンフェアな立場を象徴している。社会保障制度はいまだに働く夫と専業主婦をモデルにしており、夫婦共働きが当然となっている現在では機能不全を起こしている。それどころか、育児の負担は核家族化により世帯人員が減少した分、母親にのしかかる。積極的に育児に関わる男性が増えているとしても少数派であり、公平に分担できているとは言えない。とくに離婚などにより母子世帯となった場合は、貧困が加わり負担は一層増加する。貧困は連鎖し、子どもが育つために必要な教育などの機会を奪う。したがって、保育園が増えて保育士が増員されても、根本的な解決にはならない。子どもの貧困に目を向けることは、この国の不公平をあぶり出すことにつながるのである。

今回、宮崎県宮崎市で活動するＮＰＯ法人「ままのて」にスポットを当てたが、地道な活動を実践している個人や団体は他にもある。しかし、このような団体が増えることが貧困から子どもを守る唯一の解決策ではない。なぜなら、子どもの貧困には働く世帯の貧困、社会保障制度や社会福祉関連諸制度の不備、不安定な雇用環境、母親に偏る育児負担の問題などが影響しており、それは団体の支援活動でどうにかできる問題ではないからである。さらにいえば、支援活動団体に問題の解決を依存するのは、子どもの貧困が存在している現在の社会を容認することになるのだ。だからといって、支援を行う団体が不要なわけではない。どのようなニーズがあり、何が必要かを把握できるのは、地方で草の根の活動を展開する個人や団体だからである。そしてそれらを吸い上げ、制度、政策に反映させるのは、行政、立法の役割である。先にも述べたが、この国はひとり親世帯に対してあまりにも冷たく、子どもの貧困に十分に向き合っていたと評価するのは難しい。NPO法人「ままのて」の代表は大切にしている理念として児童憲章を挙げ、こどもの笑顔を守る必要性を説く。子どもの笑顔には大人たちの笑顔も必要だからである。子どもの貧困対策に真の意味で児童憲章が反映されることを期待したい。

注
※1　阿部は貧困が子どもの成長に与える影響は複合的であり、決定的な仕組みは解明されていないが、親の収入が子どもの成長に影響を及ぼすと指摘している。
※2　五年に一度、肉用牛の質を競う「第一〇回全国和牛能力共進会」が開かれており、二〇一二年長崎大会において、口蹄疫で肉用牛を多く失ったにもかかわらず、宮崎県は都道府県順位で一位を獲得した。
※3　本文中の法人名は実名である。法人代表に内容の確認を受け、実名で表記することに承諾を得た。
※4　希望していたのにもかかわらず、子どもが保育所に入れなかったため、匿名でインターネット上にこの国の政策や政治を批判したブログである。当初、安倍晋三首相は匿名の書き込みで信ぴょう性がないとして取り合わなかったが、それを見た同じような境遇の女性たちが、国会前で「保育園落ちたの私だ。」などと書かれたプラカードを手に抗議した。その後、国会でも再三取り上げられた。

文献

阿部彩『子どもの貧困――日本の不公平を考える』（岩波新書、二〇一五年）二八～三一頁。

鳫咲子『子どもの貧困と教育機会の不平等　就学援助・学校給食・母子家庭をめぐって』（明石書店、二〇一四年）一二七～一二八頁。

岩田正美監修・編著『貧困と社会福祉（リーディングス　日本の社会福祉2）』（日本図書センター、二〇一〇年）一七～一九頁。

厚生労働省雇用均等・児童家庭局保育課「保育所関連状況取りまとめ」（二〇一四年）。

厚生労働省雇用均等・児童家庭局家庭福祉課母子家庭支援室「平成二三年度全国母子世帯等調査　結果報告」（二〇一一年）。

松本伊智朗「教育は子どもの貧困対策の切り札か?」貧困研究vol.11（二〇一三年）四～五頁。

水無田気流『シングルマザーの貧困』（光文社新書、二〇一四年）三八～四〇頁。

水無田気流『「居場所」のない男、「時間」がない女』（日本経済新聞出版社、二〇一五年）八五～九三頁。

宮崎県福祉保健部「ひとり親世帯生活実態調査結果報告書」（二〇一二年）。

宮崎県「結婚・子育て意識調査報告書」（二〇一五年）。

庄谷怜子『現代の貧困の諸相と公的扶助　要保護層と被保護層』（啓文社、一九九六年）二七～二九頁。

第4章

総合的な支援体制による子どもの学習支援

——北九州における実践例

坂本毅啓
（北九州市立大学地域創生学群）

1　北九州市における子どもを取り巻く現状

(1) 北九州市の概要

福岡県の東部、九州の玄関口に位置する北九州市は、一九六三年に五市（門司、小倉、戸畑、八幡、若松）が対等合併して誕生した政令指定都市である。高度経済成長期には鉄鋼業を中心とした産業振興とともに、深刻な環境汚染問題が発生し、市民運動を通して裁判を経ずに環境汚染問題を克服した都市としても有名である。この歴史的経緯から、現在は環境モデル都市として、環境に関する産業振興に取り組んでいる。歴史的には官営八幡製鉄所等、歴史の教科書に出てくるような場所があり、二〇一五年には「明治日本の産業革命遺産　製鉄・製鋼、造船、石炭産業」の一部として、ユネスコに世界遺産登録された観光資源もある地方都市である。古くから九州の玄関口、瀬戸内海の入り口（関門海峡）として栄えてきた街でもある。

地域住民に目を向けてみることにしよう。二〇一六年三月一日時点で、推計人口は九五万九五三〇人、世帯数は四二万五七五三世帯である。[※1] 人口は年々減少傾向にある。高齢化率は二〇一五年三月末時点で二八・二％と、政令指定都市のなかで最も高い。[※2] 他の大都市と比較すると、典型的な少子高齢化が進んでおり、増加傾向にある介護問題対策として、国家戦略特区のもと、地元のロボット製作企業とともに介護ロボットの開発にも取り組んでいる。

(2) 子どもを取り巻く現状

■不登校とひきこもり

子どもを取り巻く現状について、統計データから考えてみる。北九州市における二〇一三年度の不登校児童（小学校）は九九人、不登校生徒（中学校）は六七三人である[※3]（図表4―②）。これは小学校一校あたり〇・七人、中学校一校あたり九・三人という平均値になる。割合で見ると、小学校における不登校率は〇・二〇％（五〇〇人に一人）、中学校における不登校率は二・五一％（約四〇人に一人）である（図表４―①）。大都市間で比較すると、不登校率は低い方である。

次に不登校の推移を見てみると、人数としては小学校が一〇〇人から一三〇人、中学校では七〇〇人周辺を推移している（図表４―②）。小中学校を合わせると、おおむね八〇〇人を超えていたが、二〇一三年には八〇〇人を下回っている。不登校率の推移からも、不登校の減少傾向が見られる。

図表４―①　不登校児童・生徒の割合

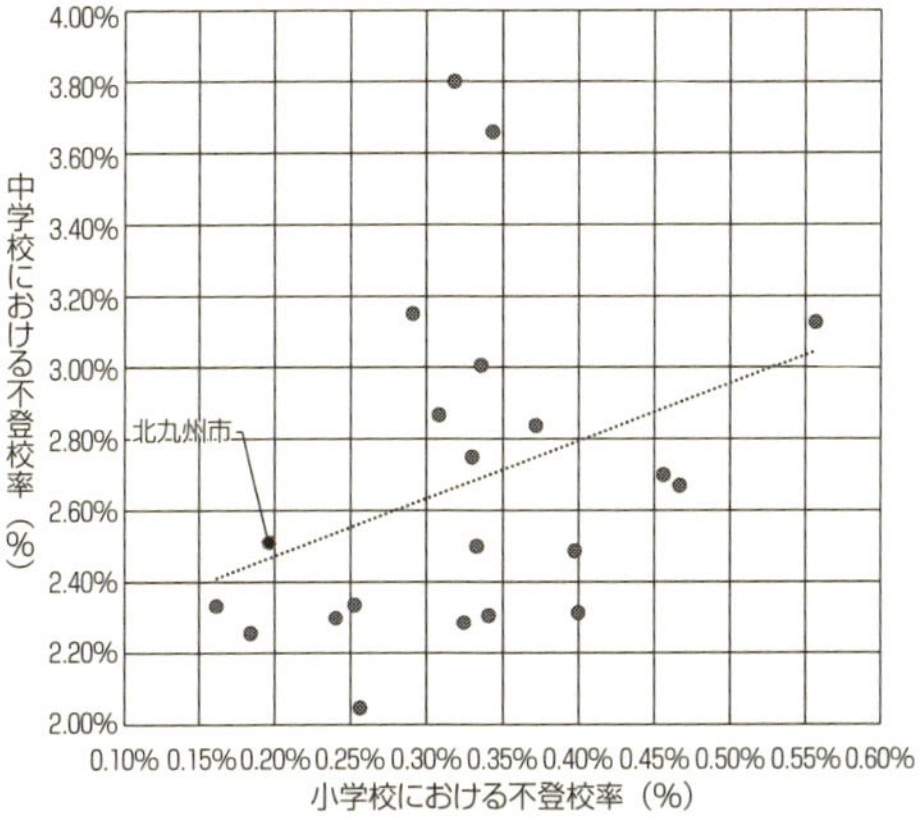

出典：「大都市比較統計年表」（平成25年版）より筆者作成。

図表４―②　不登校児童・生徒数の推移

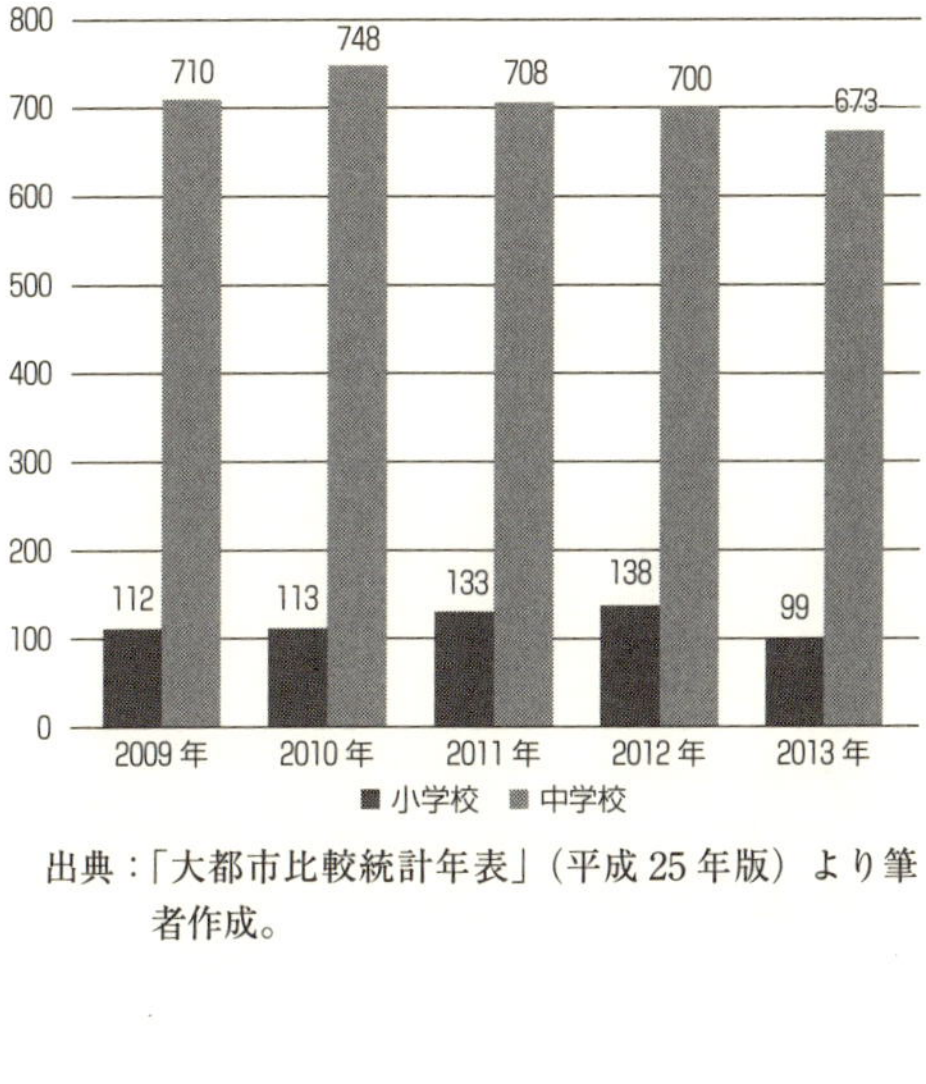

出典：「大都市比較統計年表」（平成25年版）より筆者作成。

一五歳から三九歳の引きこもり者数については、北九州市精神保健センターによると「ひきこもり者については見えないので、実態把握が困難である」が、内閣府が二〇一〇年に実施したひきこもりに関する調査結果から推計すると、「約七〇〇〇人程度いるのではないか」と考えているとのことである。[※4] この七〇〇〇人を二五（一五～三九歳の年数）で割ると、一歳あたり平均二八〇人となり、中学三学年分に相当するように三倍すると八四〇人となる。この数字から中学校での不登校生徒数を見たとき、ひきこもりと不登校には一定の関連性があるという仮説を持つことができるのではないだろうか。

■就学援助からとらえる子どもの貧困

義務教育において経済的に厳しい家族で生活している子どもに対して、就学援助が各地方自治体によって実施されている。この経済的に厳しいという基準は、生活保護がもとになっており、生活保護を受給している世帯とそれに準ずる世帯が対象となっている。つまり、「就学援助がどの程度実施されているのか？」というのは、「就学援助が必要なぐらい貧困な状態にある子どもはどの程度存在するのか？」を考える一つの指標となる。

文部科学省が公表した二〇一四年度の市町村別就学援助率では、北九州市は二〇％以上二五％未満となっている。[※5] 別の資料では二〇〇九年度に二一・九四％となっており、県内一九位の高さである[※6]（図表4―③）。全国平均は、二〇一三年度で一五・四二％であり、北九州市は全国平均を上回

図表４—③　福岡県内の要保護・準要保護児童生徒の割合（2009年度）

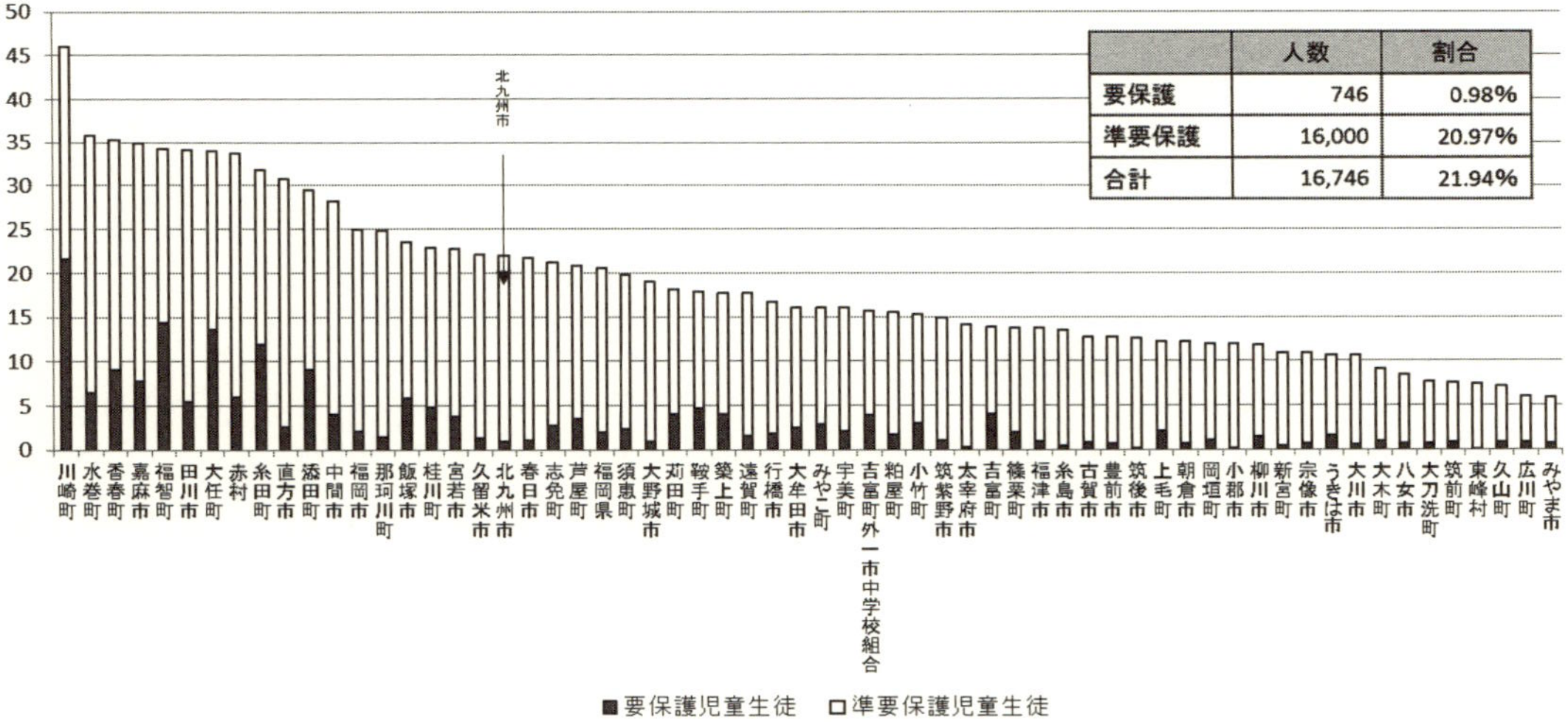

出典：参議院資料作成室編集「資料：平成21年度要保護及び準要保護児童生徒数について（学用品費等）」経済のプリズム第87号（2011年）60-61頁（http://www.sangiin.go.jp/japanese/annai/chousa/keizai_prism/backnumber/h23pdf/20118704.pdf）より筆者が作成。

る子どもの貧困率であると考えることができる。なお、この二〇%を超える就学援助率も市内平均の数値であり、各校には地域性を反映した違いがある。富裕層の多い地域では就学援助率が一ケタの学校がある一方で、五〇%を大きく超えるような学校もなかには存在している。

2 支援事業の概要※7

(1) 支援事業のこれまでの経過と背景

北九州市内において、若年者の生活困窮者支援を展開してきたNPO法人が、二〇一三年度に事業を拡大する形で、子どもの学習支援に取り組むことになった。このNPO法人では、長年にわたりホームレス支援や生活困窮者への支援とともに、若年者への就労支援も行ってきたが、これら支援対象者へのライフヒストリー分析を通して「もっと早い段階での支援が必要なのではないか?」という必要性を感じ出した。その「もっと早い段階での支援」というのが、貧困の連鎖を断ち切ることをめざした子どもへの支援である。

さらに、深刻な事態に陥る前に、可能な限り早い段階で生活に困窮している世帯(家族)を発見するような仕組みを構築することが必要だった。学力向上だけでなく、そのような早期発見の仕組みとしても機能すると考えられたのが、子どもの学習支援である。生活に困窮したとき、大人は「我慢」と「忍耐」でしのごうとする。しかし、わが子の学びについては「何とかしたい」と思う親が多い。そこで、無料の学習支援を実施することで、子どもとの関わりを入り口として、その先にある家族支援まで展開しようと考えたのである。

これらを背景として、子どもの貧困、低学歴の問題については経済的困窮のみならず、社会からの孤立、つまり関係性の困窮を防ぐことが重要であるという問題意識を持ち、学習支援を単なる受験支援ではなく、安心できる居場所、子どもたちの存在そのものが肯定される関わりを構築することを目的とした子どもの学習・社会参加支援事業を行うこととなった。この事業では、先のＮＰＯ法人が中心となりながら、北九州市保健福祉局、市内の大学生、研究者、そして社会人対象の夜間学校などが連携し、子どもをとりまく環境（家族、友人等）の問題についても解決に向けた状況共有、支援を行うこととした。

(2) 参加した子どもたちの状況

支援対象の子どもについては、当初、市内の生活保護受給世帯の中学三年生のなかから五～一〇人程度を目標とした。募集方法は、担当ケースワーカーより当該世帯への募集チラシの配布、および参加への声かけを行った。二〇一三年九月に学習支援が開始された時点では、参加した子どもは二人であった。その後、福祉事務所からの紹介や、各支援団体からの紹介、そして新聞報道等を見

図表４—④　子どもの参加人数（2016年３月時点）

学習支援	学習	人数	合計
集合型	高校生	9	35
	高校中退	1	
	中卒	1	
	中学生	14	
	小学生	10	
訪問型	高校生	1	11
	中学生	4	
	小学生	6	
合計			46

出典：筆者作成

た家族からの応募等によって参加者は増加し、支援的対象者の学年も拡大していった。二〇一四年三月末時点では九人、二〇一五年三月末時点では三五人、二〇一六年三月時点では四六人と増加傾向にある（図表４—④）。

参加している子どもの特徴としては、年齢幅が広いということを挙げることができる。とくに中学を卒業してからも継続的な関わりを持っているのは、後で述べるような高校中退や進路変更といった問題への対応において、非常に有効である。

次に、データとしては二〇一五年三月時点のものではあるが、家族構成や経済状況などについて見ていく。まず家族構成については、約三分の二がひとり親家族である。なかには里親世帯からも参加している（図表４—⑤）。経済状況としては生活保護世帯が四九％、非課税世帯が一四％と、こちらも約三分の二が経済的に厳しい状態にある（図表４—⑥）。

不登校については、五一・四％の子どもに経験があった（図表４—⑦）。さらに二五・七％の子

図表４—⑤　家族・世帯構成（2015年３月時点）

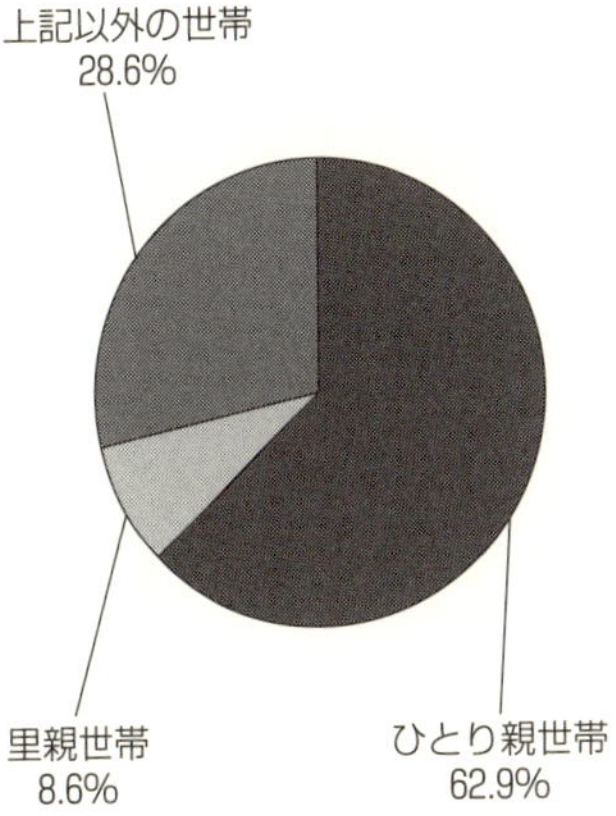

出典：筆者作成

図表４—⑥　経済状況（2015年３月時点）

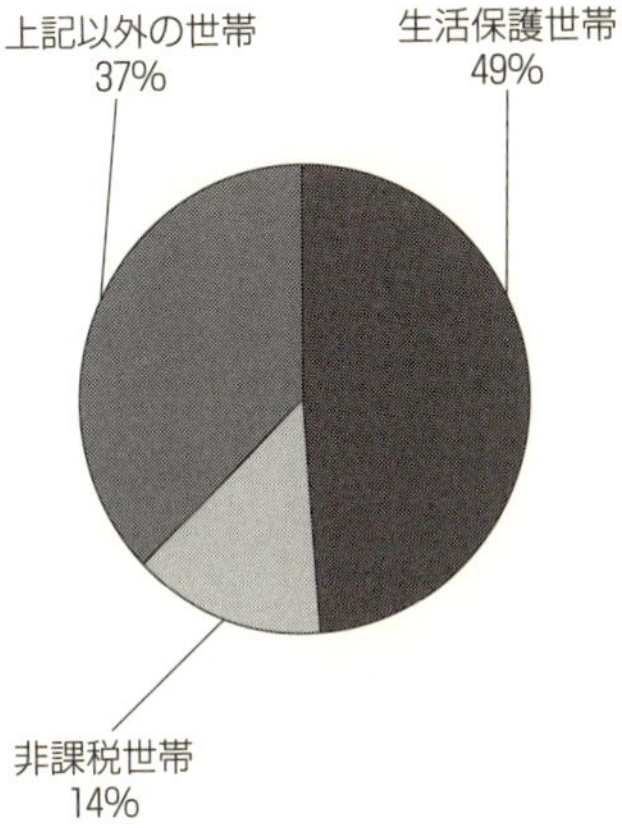

出典：筆者作成

図表４—⑦　不登校の経験（2015年３月時点）

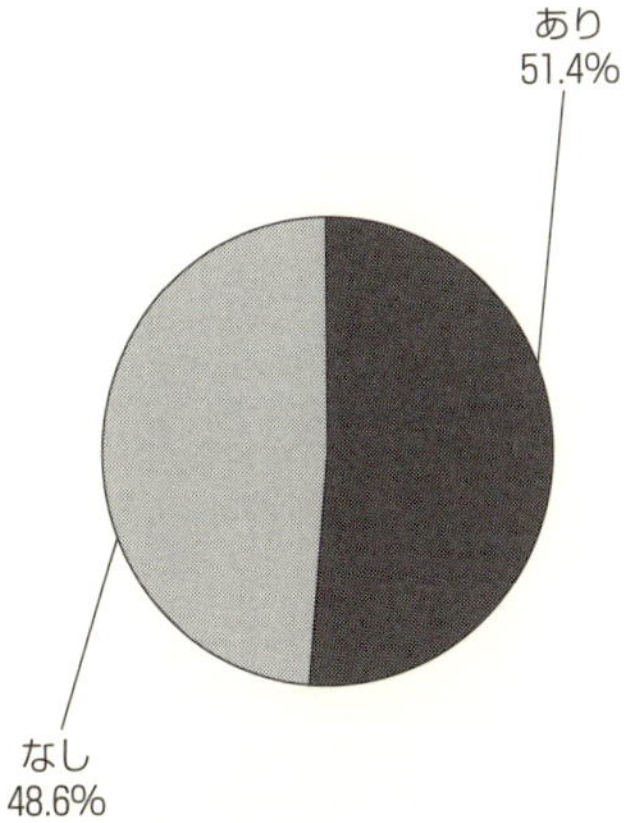

出典：筆者作成

図表４—⑧　虐待された経験（2015年３月時点）

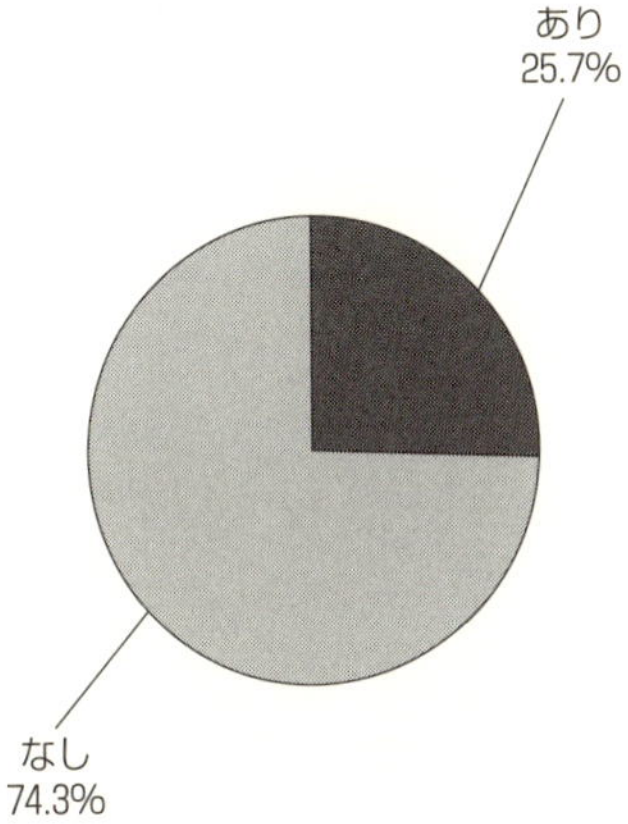

出典：筆者作成

どもに虐待された経験があった（図表4―⑧）。

これらをふまえると、この事業に参加していた子どもたちの多くは、生活に困窮しているといっても、その実態は単なる経済的困窮ではなく、複合的に多様な課題を抱えている存在なのである。北九州市内では教育委員会によって、地域の学校を使った無料放課後塾「子どもひまわり学習塾」が、二〇一四年四月からスタートしている。「子どもひまわり学習塾」では、多くの子どもたちの成績の上昇や、高校進学実績の達成などの成果が出ており、大変効果的な事業となっている。しかし、困難を抱えた子どもたちがその場に参加することは難しい。なぜならば、そもそも学校に登校できていないなど、集合型の塾形式の学習環境に参加することができるという前提条件を満たすことができていない子どもたちだからである。教育委員会とは別に、民間主導によって独自の学習支援事業をNPOが行う意味はここにある。

(3) 事業の支援体制

事業を運営していく支援体制は、NPO職員である専任の支援員が二人と、ボランティア五〇人によって構成されている。ボランティアには学校の先生だった社会人から、大学生、大学院生等幅広い人材が関わっている。大学生と大学院生のシフトについては、大学生ボランティアのなかからリーダーを決めて、毎月ヒアリングとシフト表作成を行っている。

これらの支援活動を行うにあたって、アセスメント、プランニング、評価などを行うことを目的とした総合的ケースカンファレンスを年に三回行っている。ＮＰＯの支援員だけでなく、スクールソーシャルワーカー、生活保護ケースワーカー、児童相談所ケースワーカー、ハローワークの職員、学校の先生、研究者等で構成される。これにより、他職種連携のもと、家族も視野に入れた総合的な支援を展開することが可能となっている（図表４―⑩）。

なお、これらの支援体制を構築するための財源としては、厚生労働省の社会福祉推進事業による補助金の助成を受けて実施している。

図表４―⑨　子どもたちの家族が抱える課題

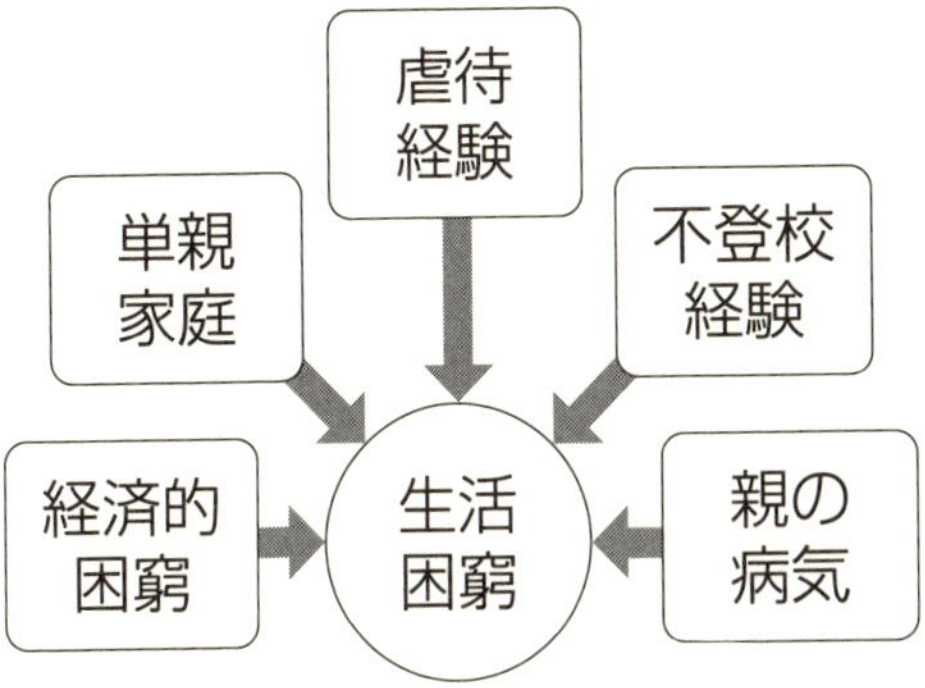

出典：筆者作成

⑷　子どもへの支援の内容

この事業では、学習支援と社会参加支援の大きく分けて二つの支援を行っている。学習支援は当初、週一回、一七時から一九時に行われていた。しかし、子どもたちや家族からの要望に少しでも応える形で、二〇一四年四月からは週二回に増やしている。学習支援は生涯学習センターの一室を利用して行う集合型からスタートしたが、二〇一四年からは集合型に出てくることが難しい子どもを対象とした訪問型学習支援をスタートしている。さらに、二〇一五年からは、市内にＮＰＯが開設した若年者向けの就労支援施

図表４—⑩　事業全体の流れ

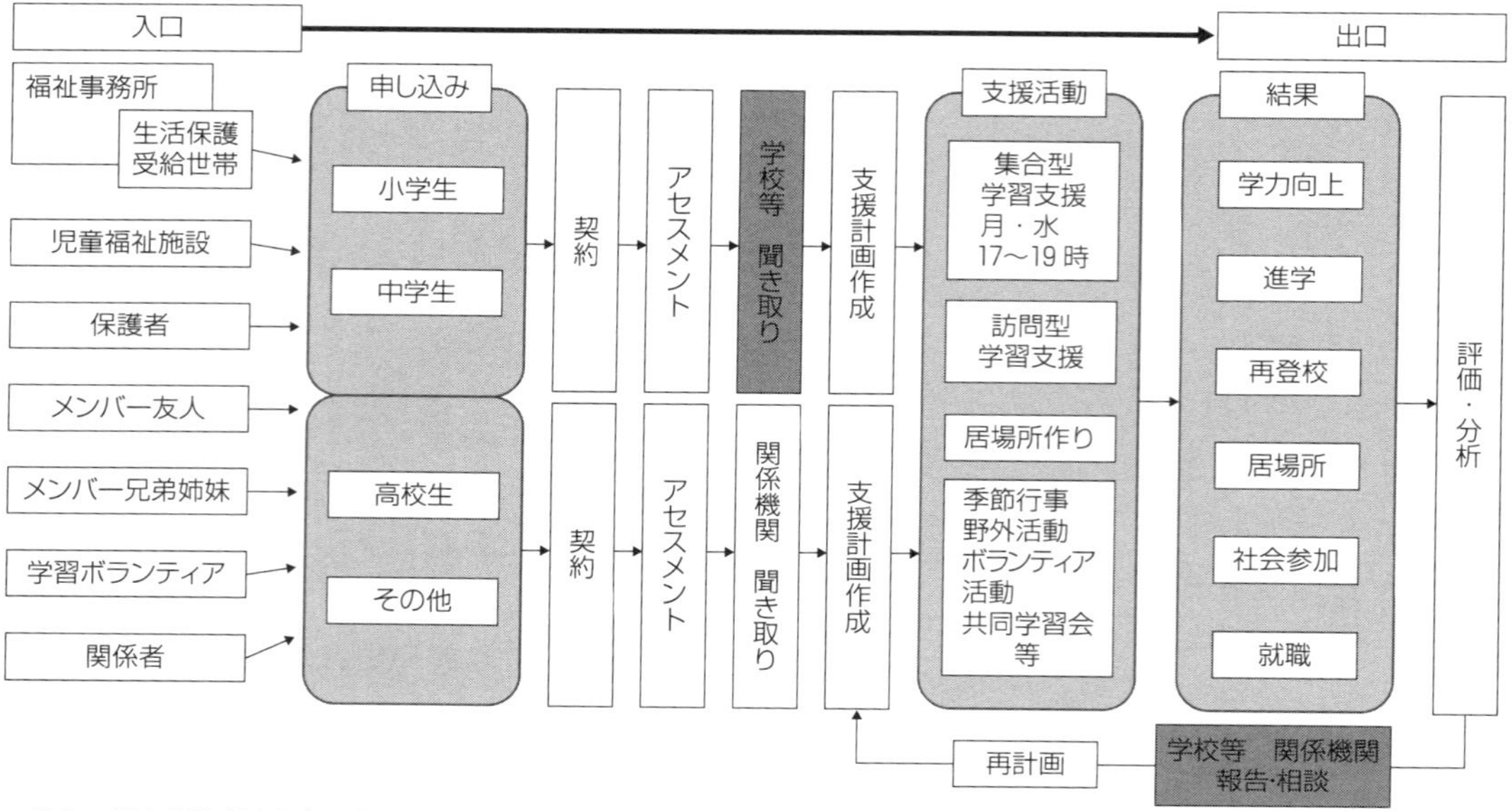

出典：坂本毅啓「子どもの貧困と学習支援・社会参加支援」困窮状態にある子ども・未成年に対する学習支援および社会参加・生活（世帯）支援などの実施・運営及び、総合的伴走型支援体制の構築に関する調査・研究事業　報告書（2015年）31頁より転載

図表4―⑪　支援の内容

①学習支援
- ・集合型学習支援
- ・訪問型学習支援

②居場所の提供
- ・交流サロン「よるかふぇ」

③社会参加支援
- ・ボランティア活動
- ・体験型研修（イベント）
- ・学校（高校など）訪問見学、若者サポートステーションやハローワーク等への同行
- ・ボランティアの体験談を聞く
- ・企業などでの就労体験

④生活（世帯）支援
- ・個別型伴走支援
- ・総合型伴走支援

出典：筆者作成

設の一角に設けられたカフェコーナーを活用して、サテライトの集合型学習をスタートしている。これら学習支援においては、子ども一人につきボランティアが一人ついて支援を行う、いわゆるマンツーマン体制をとっている。

社会参加支援としては、月一回の頻度で社会体験活動としてイベントを開催している。自然体験、調理体験、博物館への視察、市内のプロサッカーチームの試合観戦、さらにはボランティアによる子どもたちへ語る場を設けるなど、多彩な取り組みを行っている。これらの支援については、ＮＰＯ職員だけでなく学生ボランティアも企画・運営に参加している（図表４―⑪）。

これらの支援において共通して重視していることは、支援者と子どもたちとの関係づくり、子どもたちが安心して居られる「居場所」づくりを第一に心がけている点である。これは単なる学力向上のための無料塾をめざしているのではなく、子どもたちが抱える悩みや

困難に寄り添いつつ、ともに解決することを通して生きる力を少しでも獲得してもらいたいという考えにもとづく。

(5) 支援の評価と課題

■子どもたちの声から

二〇一三年度の事業においては、参加した子どもたちからは「学力の向上があった」、「楽しく学べる経験ができた」、「居場所づくりができた」、「ボランティアとの関係づくりを達成できた」といった評価が寄せられた。そして、参加した中学三年生はすべて目標とした進路へ進むことができた。また、多くの子どもたちの成績が上がった。一方で、支援員からは「集合学習に来られない子ども・来られなくなった子どもへの対応」、「家庭の課題への世帯（家族）支援をどうするのか」といった課題が指摘された。

これらをふまえ、二〇一四年度には前年度の課題点を解決する取り組みを加えた。その結果、学力面においては中学三年生についてはすべて希望する進路へと進むことができた。また、それ以外の学年の子どもたちについても、学年で平均以下の成績だったのが平均を上回るようになったりするなど、一定の成果を出すことができた。この原稿を執筆している二〇一六年三月時点では、二〇一五年度もこれまでと同様の結果を出すことができる見通しである。

■参加したボランティアの声から

参加したボランティアからは、楽しい場所として「私自身、居場所と思っています」という意見がよく聞かれる。子どもたちの居場所であると同時に、そこに関わるボランティアにとっても居場所となることができている。さらに「子ども達の無邪気さや好奇心の多さなどから、自分が学ぶことが多く、参加して良かったと感じています」という意見もある。一方で、「(ボランティアは）心理学や社会福祉の専門家ではなく、素人の人間で対応できる問題ではないような気がする時が多い」と、一定の専門的な知識やスキルが必要だと感じている。高度ではなくとも、少しでも専門的な知識やスキルをボランティアが身につけることにより、より適切で円滑な支援を展開することが可能になると考えられる。

ボランティアが感じている課題点としては、①状況共有ができていない、②ボランティアによる子どもに関する情報の把握の必要性、③子どもとの関わりが難しい（注意の仕方がよくわからない等)、④ボランティアの教える力を高めることが必要、⑤学生ボランティアから何かを提案することが難しい、⑥ボランティアが責任を背負いすぎて一人で抱え込んでしまっている、といった点が挙げられる。これらの課題については、二〇一三年から二〇一五年に至るまで、なかなか解決に至っていない。ボランティアとＮＰＯの支援員がこまめにコミュニケーションをとることで、何とかカバーしているのが現状である。

3　事例から考える子どもと家族への支援

本節では、特徴的かつ示唆的な成功事例を二つ取り上げながら、多様な課題を抱えた子どもに対する支援のあり方について考えてみたい。

◉事例１：アウトリーチ

(1) 事例の概要

集合型学習に参加できなくなった子どもを、訪問型学習支援へと移行したことにより世帯家族支援へとつながり、エンパワメントと自己実現を兄妹で達成した事例である。

Aさんは中学三年生で、一五歳の女性である。家族構成は父、母、兄（予備校生）の四人で同居している。市内に母方の祖父母が居住している。Aさんは中学二年生頃に、自分の鼻息の音がとても気になりだし、周囲にも聞こえているのではないかという不安が強くなり、人前に出ることが怖くなった。ここから不登校になり、三年生になってから、母親が新聞記事でNPOが実施している学習支援を知り、直接ＮＰＯに問い合わせてきたことで、参加へとつながった。Ａさん本人の要望としては、英語は自分でもできるので、理科と数学を教えてもらいたいとのことだった。

(2) 本人の状況分析と支援計画

本人のニーズとしては、みんなと一緒に授業に参加し、高校に進学したいと考えている。しかし、その阻害要因として、Ａさんは静穏が苦手で、不安が強いことが挙げられる。さらに、本人を取り巻く環境因子としては、中学の担任教諭との関係が悪く、担任教諭の判断で勝手にスクールカウンセリングが中止されたこともあった。母親は精神状態が悪く、抑うつ的傾向にある。予備校生の兄は引きこもり状態であり、父は仕事が多忙で帰宅が遅い。家族関係がかなり脆弱になっており、家族機能の低下もみられた。

この状況に対する支援としては、長期目標に「高校に進学し、進級又は単位取得し卒業する。できれば全日制の高校で授業に出席する。」を掲げた。中期目標としては、①適切な病院を見つけ継続的に受診する、②進学について考え、高校見学に行き、受験する高校を決定する、③高校受験に向けて勉強、作文、面接の対策を考え受験する、④中学校の給食を食べに登校する、⑤卒業式に何らかの形で参加する、という五点を掲げ、支援を行うこととした。

(3) 支援の経過

当初、Ａさんは集合型学習支援に参加していたが、人前に出ることがしんどくなり参加できなくなった。それを受けて、支援を訪問型学習支援に変更した。その際、Ａさんの希望に沿って訪問する大学生ボランティアを決め、毎週支援員同行のもと支援を行った。実はこの訪問を行うまで、支援員側はひきこもり傾向にある予備校生の兄の存在を知らなかった。この訪問を機に、支援員は兄との関係性構築に努め、センター試験への出願、大学受験相談にのった。

一二月の志望校への出願の際、それまで受身的だったＡさん本人が、「突然」（Ａさんの母親談）、自ら積極的に志望理由書などの出願書類の作成に取り組んだ。この経験以降、Ａさんは急速に自己覚知と自己受容が進むようになった。一月に入り、Ａさんは志望校を受験し、見事合格。兄もセンター試験を受験し、二月には志望大学を受験して、見事に合格した。

三月には、給食にＡさんが好きなメニューが出る日をねらって中学校に登校し、希望していた学校給食を食べることができた。卒業式への出席も希望していたが、全体の卒業式の会場には不安が強くなったことで入ることはできなかったが、校長先生の配慮により校長室でＡさんのために再度卒業式をやり直していただき、Ａさんの卒業式に参加したいという願いは叶えられた（図表４―⑫）。

図表４―⑫　Ａさんの経過

4～5月

・集合型学習に参加。大学生ボランティアとともに学習に励む。

6～7月

・6月頃に体調を崩す。
・7月に一度集合型に参加するが、早退をしてそのまま集合型に参加できなくなる。

8月

・精神科受診。統合失調症の可能性あり。対人恐怖症の重症なものとして思春期妄想症などと診断される。

9～11月

・訪問型学習に変更。大学生ボランティアとNPO支援員による家庭訪問。
・支援員同行のもと、高校へ見学に行って進路を検討する。
・ひきこもり傾向にある予備校生の兄と初めて出会う。（以降、関係性構築に努める。）

12月

・志望校を決定。それまで受け身的だったＡさん本人が、自ら積極的に志望理由書などを作成する。（この経験以降、自己覚知と自己受容が進む。）

1～2月

・Ａさん志望校に見事合格。
・兄、センター試験受検。志望大学を受験し、見事合格。

3月

・給食に好きな献立が出た日をねらって、中学校に登校し、希望していた学校給食を食べることができる。
・全体の卒業式に出ることはできなかったが、校長室にて卒業式をしていただく。

出典：筆者作成

(4) 事例の考察

この事例では、支援員が生活基盤の安定化、不安の除去を目的に、母親と丁寧にコミュニケーションを取り続け、家族を丸ごと支援することで、Aさん本人も落ちついて学ぶ環境を整えることができた。

逆説的ではあるが、Aさんが集合型から訪問型に移行した結果、父兄関係の悪化からひきこもり傾向にあった兄の存在に気づくことができ、支援員がAさんと兄へ同時に支援することによって、兄もエンパワメントと自己実現を果たすことができた。さらに、母親も子どもの状況が落ち着いたこと、しんどいことがあると訪問してくる支援員に随時相談することができる環境になったことから、精神的に落ち着きを取り戻しつつあった。その結果、父も含めた家族関係の改善も図ることができた。学習支援だけでなく、家族への支援を展開することにより、学力の向上や進路決定といったニーズの充足、目標の達成を行うことができた事例であると言える。

◉事例2：卒業後の継続的支援

二つ目の事例は、中学三年生のときにこの支援事業による学習支援を受けていたBさんが、高校進学後も継続的に学習支援に参加していたことで、高校中退をすることなく進路変更を実現することができた事例である。

(1) 事例の概要

Bさんは高校一年生（一六歳）の女性である。生活保護を受給している母子世帯で、母、妹二人、弟一人の五人で生活をしている。中学校時代に不登校の経験があり、中学三年生のときに、学習支援へ先に参加していた友人の紹介で参加しだした。学習支援に参加したことで成績の向上が見られ、志望していた高校（調理科）へ進学をした。とても明るく社交的だが、一方で友だちとの距離の取り方が苦手な面もあった。

(2) 本人の状況分析と支援計画

Bさん本人は周囲の人間との関係づくりが苦手であり、近づき過ぎて友人関係をうまくつくることができない。そのような状況をふまえ、①高校生活に慣れる、②人との付き合いの際の距離感をうまくとる、ということを掲げ、高校生活を順調に送れるように支援を行うこととした。

(3) 支援の経過

高校進学後も、Bさんは学習支援への参加を継続した。学校にも慣れ、友人もでき、アルバイトも始めた。しかし、六月に母親と些細なことから喧嘩をして、同じ市内にある祖母宅へ家出をした。

この間、学習支援については参加を継続した。夏頃には学校の友人関係でトラブルにあい、学校をやめたい、転校したいと言い出した。支援員が再び不登校や中途退学等にならないように気をつけ、コミュニケーションをとるように心掛けた。九月頃にはこの友人関係のトラブルは解消し、高校生活を楽しめるようになった。一〇月頃には母親と仲直りをして、家出を解消した。一二月のイベントのクリスマス会では、調理科で学ぶ腕を活かし、クリスマスケーキ作りの際に、大いに活躍をした。

二月に入り突然、「本当にやりたかったのは調理ではなく、美容なんです」と支援員に訴えた。この訴えを受けて、支援員は福祉事務所ケースワーカーとも連携し、転校先の候補であった美容専門学校の先生とも関係をつくり、費用面などの課題も解決を図った。その結果、三月末までは高校でできるだけ多くの単位を取ることをめざし、四月から転校することが決まった（図表4―⑬）。

(4) 事例の考察

この事例では、中学時代までに不登校経験を有する場合、高校へ進学しても同じ経験をする可能性があることを示している。しかし、中学校卒業後も学習支援へ継続的に参加していたことで、家庭状況や高校での友人関係が不安定になっても、支援員に相談をすることで課題を解決することができた。また、クリスマス会でBさんが活躍するような経験は、自己効力感を高める良い機会の一つとなっており、子どもの能力と可能性を見出し、エンパワメントを進めていくことが重要である

図表4―⑬　Bさんの経過

4～5月

・高校進学後も学習支援に参加
・学校にも慣れてきており、楽しいとのこと。
・アルバイトを始める。

6月

・母親と喧嘩をし、家出をする。同じ市内の祖母宅で生活を始める。（10月頃まで）
・集合型学習支援への参加は継続。

7～8月

・友達関係の難しさから、高校を辞めたいと、支援員に相談をしてくる。
・学習支援については、参加を継続。

9～1月

・友人関係との問題を解決し、高校生活を楽しめるようになる。
・クリスマス会では、調理科で学んだ能力を活かして活躍する。

2～3月

・本当にやりたかったのは調理ではなく、美容であることを訴える。
・保護課ケースワーカーとも連携し、転校先の候補であった美容専門学校教諭とも関係を構築して、費用面などの課題も解決して4月から転校することが決まる。

出典：筆者作成

とも言える。

中学卒業後の進路が決定したら、それで学習支援が終了するわけではない。むしろ新しい環境のなかで新たな課題を抱える可能性があり、継続的な支援が必要であることを示唆している。

4　子どもの貧困を解決するための学習支援のあり方

(1)　学習支援だけではなく、多様な支援が必要

生活に困窮する状態で生活する子どもにとって、無料塾があって、そこに行きさえすれば学力が向上するわけではない。学習支援を行っていくには、学習以外の多様な支援が求められている（図表4—⑭）。Aさんの事例では、集合型に参加できない子どもに対して支援する側が出向いて支援を行う、アウトリーチの有効性を示した。B事例では、中学を卒業したらそれで終わりではなく、継続的な支援があってこそ、脱貧困に向けた支援ができることを示した。

そして、これらのみならず、他にも多くの事例でも共通して見られるのは、子どもの家族へ支援の対象を広げることの重要性である。この点については、教育委員会が行う無料塾では対応したくても対応が難しいところがある。多様な課題を抱えた状態にある子どもは、学力以外にも多様な課

題を抱えているのであり、家族も含めた、学ぶために必要な環境を整えるための積極的な支援が必要である。

さらに、多様な課題を抱えた子どもたちを対象とした学習支援は、きめ細かい支援であることが重要である。一人ひとりのニーズに合わせて、寄り添いながら継続的に支援をすることによって、子どもたちのニーズは充たされ、課題は解決される。そのためには、できるだけ個別対応できるような人員体制、理想を言うならばマンツーマン体制（一対一）で学習支援を行うことが求められる。これにより、それぞれの子どものリズムで学ぶことが可能となり、疑問や悩みを随時相談することもできる。三〇人ほどを一つの教室に座らせ、塾のように二～三人の学習指導員が学習ドリルをさせるだけでは、学力以外にも困難を抱えた子どもたちのニーズを充たし、生活上の課題を解決することはできない。

図表4―⑭　多様な支援の必要性

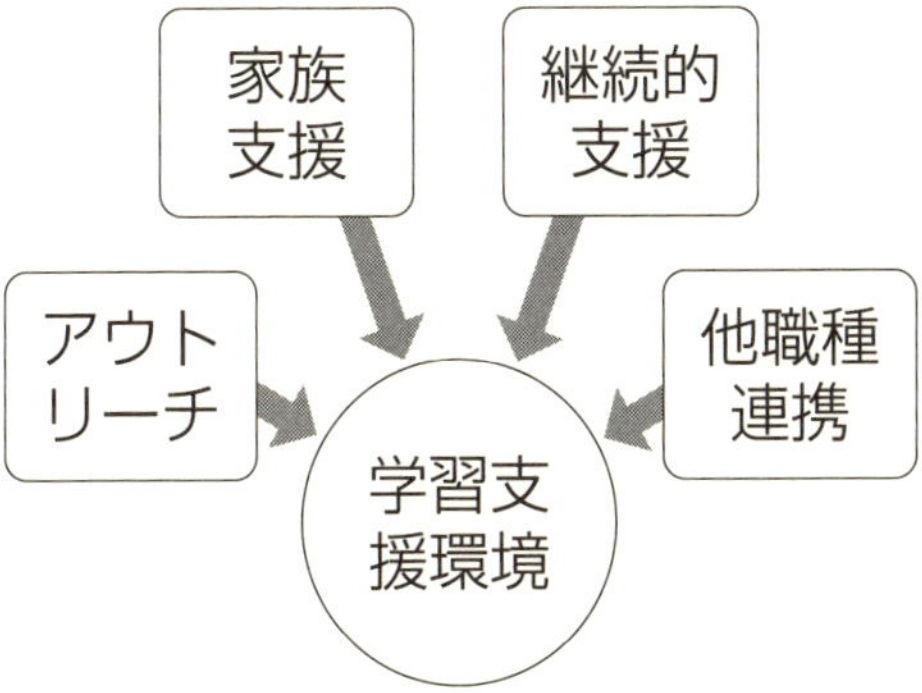

出典：筆者作成

(2) 公と民の連携による学習支援

子どもの貧困対策法を受けて、子どもの学習支援というのは脱貧困に向けた取り組みとして注目を集めている。そこに垣間見えるのは、「経済的困窮によって塾に行けない子ども達」という対象像である。しかしそれは、生活困窮に陥り、多様な課題を抱えている子どもたちからすると、一面的理解にしか過ぎない。北九州における実践例から、その点についてはご理解いただけたであろう。

それでは、教育委員会の行っている学習支援は意味がないのだろうか。答えは「NO」である。教育委員会が実施する学習支援は大いに意味がある。それだけではない。確実に成果を出すことができている。[※8]公教育として、教育委員会が学習支援を行うことで学力向上は図られ、希望する進路へ進むことができる子どもたちは多く存在する。しかし、子どもの貧困を解決するために重要なことは、公教育的立場からの学習支援と社会福祉的立場からの学習支援が、相互補完的関係性によって展開されることである。北九州市を例に挙げれば、「子どもひまわり学習塾」に対してなじめない、あるいは不登校や家庭の事情等様々な理由から参加できない状況にある子どもに対して、個別対応できる民間主導の学習支援があることで、地域全体に重層的な支援体制を構築することが可能となる。そして、民間主導の学習支援の展開を通して、「社会福祉の先導性」を発揮し、学習支援全体のよりよい方向性や方法を提起することが可能となる。

公と民の連携による、重層的な学習支援体制を構築することこそが、多様な課題を抱えている子どもたちの生きていく可能性を引き出し、脱貧困をめざした支援もできるのではないだろうか。誰が主導権を握るのか、誰が支援をするのかではなく、多様な主体と連携しながら皆で支援を行っていくことこそが、何よりも求められていると言えるだろう。

注

※1　北九州市公式ウェブサイト（http://www.city.kitakyushu.lg.jp/soumu/file_0373.html, 二〇一六年三月一一日時点）。

※2　北九州市公式ウェブサイト（http://www.city.kitakyushu.lg.jp/ho-huku/file_0487.html, 二〇一六年三月一一日時点）。

※3　『大都市比較統計年表　平成二五年版』（http://www.city.yokohama.lg.jp/ex/stat/daitoshi/　二〇一六年三月一一日時点）

※4　坂本が直接ヒアリングした際の返答である。推計に使用されている内閣府の調査とは、内閣府（二〇一〇年）「若者の意識に関する調査（ひきこもりに関する実態調査）」のことである。これによる確率では、狭義の意味でのひきこもりが〇・六一％、広義の意味でのひきこもりが一・一九％となっている。

※5　文部科学省による「就学援助ポータルサイト」（http://www.mext.go.jp/component/a_menu/education/detail/__icsFiles/afieldfile/2015/10/05/1362487_20.pdf　二〇一六年三月一一日時点）より。

※6　参議院資料作成室編集「資料：平成二一年度要保護及び準要保護児童生徒数について（学用品費等）」経済のプリズム第七八号（二〇一〇年）五九〜六〇頁。

※7　この学習支援に関する事業全体および詳細については、厚生労働省平成二六年度セーフティネット支援対策等事業費補助金（社会福祉推進事業）「困窮状態にある子ども・未成年に対する学習支援および社会参加・生活（世帯）支援などの実施・運営及び、総合的伴走型支援体制の構築に関する調査・研究事業」の報告書をご覧いただきたい（公開アドレス：http://www.homeless-net.org/docs/2015-03_houboku_gakushushienreport.pdf　二〇一六年三月一一日時点）。なお、この報告書作成のメンバーのひとりが、本章を担当させていただいている坂本である。

※8　北九州市における二〇一四年度の実績では、中学三年生一九四人が「子どもひまわり学習塾」で学び、その

うち一九三人が高校や専修学校等を受験し、全員が合格している。これを受けて二〇一五年度は予算を増やし、市内公立中学校全六二校をカバーする体制を作り上げている（「朝日新聞」（北九州版）二〇一五年三月二七日付朝刊の地域欄より）。

第Ⅲ部

子どもの貧困をとらえる視点

理論編

これまで、困難を抱える子どもたちの事例、そうした子どもたちへの支援活動の先行事例を見てきた。子どもの貧困問題は、複雑で根深い。先行する支援活動も、様々な壁にぶつかりながら支援を続けている。支援をより良いものにしていくためには、一つひとつの問題の背景を丁寧に理解し、壁を乗り越えていかなければならない。

最後となる第Ⅲ部では、子どもをめぐる貧困問題の背景や支援のあり方を理論的に問い直す。子どもの貧困については、すでに多くの先行研究がある。また、子どもの貧困対策法をはじめ、行政が主導する政策も始まっている。だが、それらが実際の支援に十分活かされているとはいえない。研究成果や政策を、実際の支援とどう結びつけてゆくのか、その方法を考えてみよう。

第5章 宮崎県における社会的資源と排除しないまちづくり「結い」の取り組み——「心の居場所」の創出のために

片田正人
（排除しないまちづくり「結い」事務局長／行政書士片田正人事務所代表）

1 活動のきっかけと「結い」の結成

「人のために、ささやかでもいいから、日々の生活の中で、何かできることはないのか？」。日常的に目にし、耳にした社会の出来事、事件、問題について、「そういう時は、こうすれば良かったのに」、「あの時、こうできなかったものか」などと、ふと心に浮かぶことがある。

しかし、漠然と心に浮かんだ思いを、自分で実際の行動として実現させてみたいと考えても、具体的に「何を」「どうすれば」良いのかわからず、結局何もしないまま、そう考えていたことさえも忘れてしまうような経験は、程度の差はあれ、それぞれに思い当たることではないかと思う。私もそんな漠然とした思いは抱えているものの、「はじめの一歩」が踏み出せなかった。

そんなときに、同郷の研究者であり、この著作の筆者の一人である志賀信夫氏と偶然にも出会う機会を得て、氏の研究テーマである「貧困」について、多くの学術的な指導を受けることとなった。それに加えて、氏のご尽力により、「貧困」を中心とする社会の諸問題に関心を持っている方々と、そのような問題について学術的アプローチをなさっている研究者の方々、また実際の現場において日々活動をしていらっしゃる実践者の方々等、多様なメンバーによって構成される勉強会が不定期ではあるが、開かれることになった。そのなかで、いま身近にある課題をそれぞれが持ち寄り、議論を重ねた結果、「まず身近で解決すべき喫緊の課題は何なのか?」、「その課題解決について、市民の立場で出来ることは何なのか?」、「市民の立場で出来ることをするためには、何が必要なのか?」を明確にし、そのための最低限の認識と情報を共有化することから、活動を始めることとなった。

その勉強会で、認識と情報を共有化したコアメンバーを構成員とする任意団体として結成されたのが「結い」である。現在、「結い」は任意団体として、喜多裕二氏が代表をつとめる「のびのびフリースペース」と協力しながら、「排除しないまちづくり」という理念を掲げて活動に取り組んでいる。現在の「結い」独自の活動としては、子どもを持つ母親の悩み相談や、小規模なフードバンク事業等がある。もちろん、母親支援だけに特化しているわけではなく、子どもをもつすべての親に窓口を開いているが、母親からの相談が多いのが現状である。喜多氏が運営する「のびのびフリースペース」からの紹介で来訪する母親もいる。

この「結い」の取り組みについては、以下のことを活動目標として確認している。①まず喫緊の課題として、地方都市でも深刻化している「子どもの貧困」に対する取り組みを開始すること。これは先述したように、「のびのびフリースペース」と協力し、子どもだけでなく、子どもを持つ親への支援を含むものである。②市民の立場でできることは、「現実を知る」こと、「知ったことを伝える」こと、それによって「人と情報をつなぐ」ことを主な活動とすること。①②を実践していくために必要なこととして、「緩やかな連帯を保ち、情報の双方向性を持った組織」をつくり、運営していくこと。

なぜ前記の①②の内容が「結い」の活動目標となったのかについては，これから記す「宮崎県における社会的資源」の現状に密接に関わってくるので、その現状分析と併せて記述することとしたい。

なお、ここで「結い」の名称の由来について、簡単に説明をさせていただきたい。「結い」とは、「多大な労力を必要とする農作業・屋根ふきなどの時に、助け合ってする共同作業」を指す。日頃は各々の生業に励みつつ、協力が必要な時には、自らのできる範囲でお互いに助け合うという形態を、今後の活動がめざすあり方と重ね合わせたものである。また、「結い」は動詞「結う」の連用形が名詞化したもので、「結う」は「つなぐ」「むすぶ」の類義語であり、活動目標の一つである「人と情報をつなぐ」ことを表すものである。最後に、これは後付けの言葉遊びではあるが、「結い」の読み「ゆい」に「YOU　I」と英語を当てて、「あなたとわたしが向き合う関係」を示すことを由来としている。

2　宮崎県における「子どもの貧困」に関連する社会的資源

(1)　宮崎県の特徴

宮崎県は、面積六六八五平方キロメートル、人口一一〇万六八二六人、世帯数四七万三五七四世帯である。県庁所在地である宮崎市は、面積二八七平方キロメートル、人口四〇万二五六三人、世帯数一七万九〇九九世帯と、人口・世帯数ともに県全体の三分の一を超える数を有している。また、人口数、世帯数にとどまらず、多くの地方に共通するように、政治、経済、文化等の機関や施設・設備も宮崎市に集中している（二〇一六年一月一日現在）。

県内の地域を大別すると、宮崎市を中心とする県央、都城市を中心とした県南西部、小林市、えびの市の県西部、日南市、串間市の県南部、延岡市・日向市を中心とし、山間部の町村を抱える県北部という形になる。それぞれの地域の中心市が、周辺隣接の町村を実質上吸収する形で合併した（形式上は対等合併が多い）ことにより、地域の拠点化が図られた形が、制度上は出来上がった。

しかし、平成の市町村合併時に掲げられていた「高度化・多様化した行政需要に対応するために、規模の拡大によって行政能力を高める」という分権のメリットよりも、地域の拠点都市への集権化によって、むしろ周辺部の人口減少や産業の衰退が進み、広範囲となった周辺部地域の課題に対して、きめ細かな対応が、合併前に比べて難しくなっているというデメリットが発生している。

もちろん、一律的なサービスの供給については、規模の拡大による効率性の向上が図られたという面もあろうが、その一方で、個別的な対応が求められる課題については、担当エリアの広域化や組織体の拡大によって、人的関係性の希薄化などを招き、サービスのもたらす効果が弱まるという結果になっている側面もあると言えるだろう。

(2) 宮崎県における「子どもの貧困」に関連する社会的資源について

こうした状況にあって、生活上の問題に対し、柔軟に対応できる民間の機関（社会的資源）の重要性はますます高まっている。そうであるにもかかわらず、その数の少なさと、その存在の潜在化、点在化、偏在化は地方都市の深刻な課題として横たわっている。当然、地方都市である宮崎県北部地域における「子どもの貧困」の問題もこのような課題を孕んでいる。

その原因として「子どもの貧困」をはじめとする様々な課題について、前提となる「貧困」についての情報量が絶対的に不足しているため、それらが解決すべき問題として、はっきりと認識される機会が少なく、結果として、それらに対応する社会的資源の必要性そのものを感じにくい現状となっているということが考えられる。

とくに、経済的な困窮については、比較的誰にも見えやすく、感じやすいので、社会的な問題として受け止められやすいが、子どもが抱える「心の貧困」や「社会的排除」の問題については、それに対する意識や知識、関心の程度や、それを判断する尺度について、個人的な差が大きいために、地域社会で認識を共有化しにくい特性がある。

また、自己完結型の閉鎖的コミュニティが多く、そのコミュニティ内においては、日常的な情報伝達の範囲・手段が固定化・定型化されがちで、情報の内容もまた定型化しやすい傾向がある。それは、近隣のコミュニティ間の相互の情報交流についても同様である。したがって、定型情報にもとづく活動については、比較的簡便で速やかな手続きによって、地域社会での認知や合意が進められるが、そのコミュニティにとって非日常的な，あまり見たり聞いたりしたことのない内容で、近隣の地域にも例のない活動等については、その共通認識をつくり上げたり、その共通認識が住民や地域社会に定着するまでに、多くの手間や手続き、時間を要する例が少なくない。

加えて、固定的で、人やモノ、情報の出入りが少ないコミュニティ組織は、その構成員間の情報や交流は濃密であるが、コミュニティの構成員以外の者や、コミュニティの参加に消極的な者については、情報や交流が滞りがちになる傾向が強く、それがコミュニティ同士の身近な課題の潜在化、非共有化につながっている。

あわせて、専門的な研究機関や研究者の存在が希少であり、当然ながら日常の活動によって意識される機会も少ない。結果として、当地を対象とする研究の蓄積は少なく、その成果も直接触れることが稀であることが原因として挙げられるだろう。

以上のような点から、課題の潜在化が社会的資源の潜在化につながり、点在化を生んでいると考えられる。

また、前述したように、人口だけでなく、公・民の機関や施設、情報など、多くの資源が県庁所在地の宮崎市に集中しており、その他の資源についても、県内各地域の拠点都市部に集中することが多く、宮崎県という地方の地域のなかでの格差を生んでいる。加えて、周辺部の地理的要件として、山間地の範囲が広大であり、公共交通機関の整備も不十分であることなどの要因によって、とくに個人で交通手段を確保できない人々にとっては、偏在する諸機関へのアクセスが阻害されているという側面もある。

以上のような現状や要因から考えてみると、宮崎県内の社会的資源については、抱えている課題はもとより、その存在の重要性や緊急性について、関係機関や住民に十分認知されているとは言い難い現状だと言える。また、その機能を生かすために必要な情報の共有化が実現していないため、点在化している資源間でつながっていくことにも困難な課題が多く、支援のノウハウの蓄積も十分にできていない状況だと言えるだろう。

(3) 公と民の役割分担

次に、公と民の役割分担の視点から、宮崎県における社会的資源の潜在化・点在化・偏在化の課題について考えてみたい。

社会において発生する諸課題に対処する主体を考えるうえで、その主体に質的・量的な不足が感じられた場合、その不足を補うために、その適性などから、様々なセクターの存在を検討する必要がある。その点で宮崎県においては、公的セクターがまずもってその主体として乗り出してくることが、公的機関の第一の役割であるという「暗黙の了解」のような空気が、公的機関内部にも、住民の間にも出来上がっている。他の地方にも共通する点も多いと思うが、宮崎県、とりわけ周辺部においては、公的セクターと民間セクターとを比較すると、規模・人的体制・財力などの力量差は圧倒的である。そのため、住民の様々な課題については、県や基礎自治体である市町村をはじめとする公的機関が対処することを前提に、その範囲を考え、サービスの供給が行われると考えることが半ば習慣化している。

そのなかでは、住民は問題や課題の大きさや緊急性、公共性の程度にかかわらず、意識的・無意識的に行政のサービス供給を基準にした範囲・質・量を前提にして考え、課題の解決に必要な、広域的な視点で対処する必要性を感じる機会を見逃してしまいがちになる。広域的な資源の蓄積や活用が必要であると感じにくい状況が重ねられてきた結果が、個別具体的な課題ごとに対処する「個別課題対応型」の社会的資源が発生し、それぞれが散在し、分散化している宮崎県の現状につながっているのではないかと思われる。

社会的資源の分散化によって、広域的な連携が十分機能していない現状の改善を求めていくと、住民にとっても、行政を中心とする公的機関にとっても、「公」の期待される役割が大きくなっていくという結果が導き出される。公的機関に対して、住民が抱えている課題解決への期待も高まり、それが住民からの「熱烈な要望」という形で受け取られ、その思いに応えようとする使命感と地域において最大、最適なサービス供給主体としての自負心によって、公・民からの共通の思いに支えられた地域主体として活動するという、ある種過剰なまでの意識を醸成させることになっている。住民側には、その公的機関の意気込みと意識によって生まれる「流れ」に身を任せている「とりあえずの安心感」と、持てる資源における圧倒的な力量の差によって、民間の活動主体を積極的につくっていくという考えを持ちにくい状況があたりまえになっていると思われる。

そこで、公的機関が住民の需要を質・量ともに完全に満たすだけのサービスを供給できるならば、そのあり方はともかく、住民からの「熱烈な要望」は十分に聞き入れられるだろう。しかし、個々の状況が複雑多岐な問題について、公的機関が必要十分なサービス供給を行うことは、現代の社会や行政のあり方から考えても、そもそも不可能なことである。また、法にもとづいて、公平性や透明性、効率性に照らして、限りある資源を適正に配分し、活用していくことが大前提である公的機関には、サービスの対象や範囲、内容について必ず「線引き」が必要であり、いかに個別に酌むべき事情があったとしても、その「線」について柔軟に対応することは、行政のルールに照らせば、きわめて不適切である。

すでに述べたように、この「線」は貧困問題の場合、生活保護事業で行われているように「経済的貧困」について、決められた指導にもとづいて客観的に判断されるものである。この場合、当然のことではあるが、社会的排除の過程で生じる「生きづらさ」や、喜多氏が主張しているような「心の貧困」に対応することとは根本的にその視点が異なる。また、問題を抱えているそれぞれの人たちにとって、その問題の発生要因の一つとして、社会的・政治的制度の不備、不均衡などが挙げられるとするならば、もともと不備、不均衡が大本の問題として、そのままの状態で存在しているうえに、公平なサービスを行っても、問題の根本的な解決には至らない。

したがって、そもそも公的機関だけによるサービス供給では不十分な面があり、公的機関以外のセクターが担うべき要素も大きいことは明らかである。そして、公・民双方ともに、程度の差はあれ、そのことには気づいていると思う。公的機関は課題解決に向けて、住民の思いに対し強い意気込みや自意識を持って応えようとするあまり、自らが強力な主体となって活動することで、かえって民間セクターの誕生や成長、ひいては住民の自立・自律を阻害しているというジレンマを生じさせているという側面もある。

誤解がないようにここで申し述べておきたいが、以上のような分析は、これまで公的機関が果たしてきた役割・成果を否定したり、過小評価するためのものではない。とくに現場を担う基礎自治体においては、国の法や制度と時代や社会の変遷のなかで、試行錯誤を重ねながら、苦悩しつつ現場の課題を解決しようと取り組んできたことは、一〇余年の短期間ながら、基礎自治体の自治に携わった当事者の一人として十分理解しているつもりである。公的機関が安心して委ねることができる対象が存在しない限り、それを自らが担うしか選択肢がなかったこともまた事実である。

ただ、結果として、公的な機関と民間による機関の役割分担がうまくできず、住民にとって不利益を生じさせているという現状を、私はこれまでの活動のなかで何度もみてきた。誰もが正義感をもって職務にあたり、それぞれ個々の人間としては尊敬すべき勤勉さをもっているにもかかわらず、それが不幸にして組織体としては逆機能を果たしてしまっているのである。

ここで公的機関においては、自らが一手に担ってきた主体としての重責をいったん脇に置き、これから持続可能なサービスを供給していくうえで、どのような社会的資源が必要なのか、その社会的資源を蓄積するためには何が必要なのか、その社会的資源の理想的な配分はどのようなものなのかなどについて、公民の枠を越えて率直に議論する場をつくっていく「コーディネーター」の働きを期待する。

本書第4章では、北九州市における学習支援の先進的事例について坂本氏が執筆しているが、そのなかでは、公と民の役割分担と協力関係に関する分析がなされている。こうした先進事例に倣って、公と民との役割分担だけでなく、子どもたちや子どもを持つ親にとって重層的な支援体制の構築をめざしていくことが、宮崎県北部地域のような地方都市のなかの地方中小都市に住む私たちにも求められている。子どもや親にとって、そのニーズに沿った選択可能な資源が多いということが、何よりも重要なことなのである。

3　現状における問題点

このような現状における問題点をこれまでも述べてきたが、残るいくつかの問題点を指摘したい。

一つ目は、それぞれの社会的資源が、「今そこにある問題」である個別的な事案に対応する「対症療法」的活動に、その能力を集中せざるを得ず、課題の「根本治癒」をめざす「体質改善」活動にエネルギーを割くことができないということ。本来、「対症療法」と「体質改善」は「車の両輪」のように、お互いが密接に連関して継続的に行われていくことが理想的かつ必要だと考えるが、その状況には至っていない。

二つ目は、本来、社会的資源を担ってしかるべき能力をもった個人・団体が、自らの資源的価値を認識する機会を失っていること。また、既存のサービス供給主体も、その価値を感知し、積極的活用を図り、役割の補完・補強・分担をすることで、より効果的な活動を継続していくという必要性は感じているものの、既存の資源を住民に対して十分解放しておらず、結果として公的セクター以外の可能性を狭めている。

三つ目は、本来は、様々な課題を抱えて孤立している人びとを対象として活動しているサービス供給主体（とくに民間の個人や団体）そのものが、社会的に孤立している場合があるということ。実際に宮崎県北部地域の（反貧困の）諸活動は点として存在しているため、孤立に近い状態でその活動を継続している。そのため、負担が一部に集中している状況である。孤立に対応した活動をすべきだが、その観点と能力を持ち合わせた主体が存在せず、結果として、その状態を放置し続けてしまうことになってしまっている。

4　問題解決へ向けて

(1)　社会的資源を「つなぐ」必要性

社会的資源や思いを持っている個人が点在している状況に対し、点を線に、線を面にしていく活動、すなわち「つなぐ」という活動を行っていくということが現在、「子どもの貧困」対策のために求められている。「つなぐ」という活動は、「子どもの貧困」対策はもとより、「排除しない地域づくり」として、先述した「体質改善」として、そもそも貧困を生み出さないようにするという地域全体で取り組む「挑戦」としてとらえるべきものである。社会的資源をつなげるイメージは、実践者、研究者、関係者を緩やかな連帯でつなぐ連絡協議会をつくり、社会的資源の多様性、多層性の確立、充実を図るというイメージであろうか。実際に「結い」では、こうした多様性、多層性の確立・充実を図りつつ、「排除しない地域づくり」に取り組んでいるところである。

以下では、「結い」が取り組んでいる具体的な「つなぐ」活動を簡単に紹介したい。

■情報の交通整理

情報の交通整理とは、単純にメッセンジャー役や広報役を果たすことにとどまらず、得た情報について、研究者による学術的な分析と、他地域（海外も含む）の先進事例等を加えることで、情報そのものと情報交流に付加価値を与えることで有益なものとなる。これによって、潜在化している資源を顕在化させる。すなわち、点在化している資源を情報の交流によって線にしていく。線を延ばし、その線の数を増やし、それぞれの線を太くすることで、その組織を面的な広がりへと発展させていく。

■供給側主導から需要側主導への転換

社会的資源の偏在化の解決には、行政を中心とする公的セクター頼みのあり方から、それ以外のセクターも主体を担えるような仕組みへシフトしていくことが必要である。

行政が、その施策を行っていくうえで作る組織は、統治・統制することをその立脚点にして考えられている。それは施策、つまり策を施す側が、それを効率的に一律に情報伝達するための機能が重視されたものとなっている。

こうした伝達するための組織だけではなく、必要とする側が必要なときに必要な情報を引き出すことができる、プロジェクト対応型のフラットな組織体を活動の核にすることも必要である。

また、公的セクターがこれまで蓄積してきた物質的資源あるいは情報は、公が主体として活動するためのものとすることなく、公的セクター以外が積極的、自主的、自立的に活動を継続していく可能性をより拡大するために、解放されるべきものである。連絡協議会は、公的セクターへ社会的資源の解放を促し、その資源の受け皿として機能するための組織体となることを考えている。

■孤立化の解消

先にも述べたが、社会的資源が潜在化、点在化、偏在化している現状では、支える側である実践者も、支えを必要としている人びとも、孤立化の状況を招きやすい。また、このような現状において、実践者の多くは社会的にも経済的にも十分な立場が確保されているとは言い難い。持続可能な活動を担保するためには、ともに理解しあい、支え合い、歩いていく「仲間」が必要である。また、研究者をはじめとする多様なメンバーとの連携によって、各人がそれぞれの存在の必要性を確認することもできる。「支える人」を支えていく仕組みは、とくに喫緊の課題である。宮崎県北部地域のような地方都市においては、既存の貴重な社会的資源を大切にしていくことは、新たな社会的資源を蓄積・拡充していくためにとても重要なことである。

■安心して生活できる地域づくり、まちづくり

社会的資源の充実は、その地域やまちにおける基礎体力の充実である。また、多種・多様な社会的資源の充実は、その社会の多様性を図ることにもつながる。「排除しないまちづくり」は、今後の「まちづくり」の基本、前提となる一つのキーワードとなる概念である。

多種・多様な人々が、安心して生活できる環境づくりにとって、「つなぐ」活動が果たす役割は、ここで述べているように非常に大きい。そうした活動そのものが、「地域づくり」、「まちづくり」活動であるといえるのではないだろうか。観光や特産品によるまちづくりだけでなく、安心して生活できる居場所としての地域づくりという視点もまた重要である。

■理論と実証の架橋

研究者と実践者をつなげることで、研究者は、理論研究の内容について、現場での実践から実証的な裏づけを得ることができ、実践者は、その活動において、経験的な認識を一般的な理論として整理し、確認することが可能となる。経験してきたことを言語化し、整理することで、実践者はこれを研究者とともに地域に還元していくことができる。この成果は地域にとって重要な資源となる。

また、地域の実践者にとっては、国内・国外の先進事例やデータを得ることで、実践活動の補

強・充実につなげることができる。それによって、個々の活動を普遍的なものとし、継続的に協働していくことを担保することで、活動の恒常的な充実を図り、その活動によって社会に貢献することができるのである。

5 「結い」と連絡協議会の課題と展望

これまで述べてきたように、「つなぐ」ことは、重要な意味をもった活動である。その活動の意義は「結い」としても連絡協議会としても承知しているが、活動を継続するうえで、組織体そのものに内在する課題もいくつかある。

まず財務面での課題がある。活動を安定的に継続していくためには、継続的かつ安定的な財務収入が必要となる。その収入の確保は、これからの大きな課題である。現在は、多額の費用が発生するような事業を行っていないため、備品の購入や会場借り上げなど、日常の活動の原資は、活動の趣旨に賛同いただいた方からの寄付や各人の負担をやり繰りをしてしのいでいるが、これから活動の幅を拡げていくためには、これまでどおりの方法では当然立ち行かなだろう。そのために、活動に充当する収入を得るための事業展開や、公的な資金、寄付等を受け入れるために、組織として法人格の取得などの公的認証取得（会社、社団、財団、ＮＰＯなど）などを検討している。

次に、活動内容についての課題である。なかでも、情報と人とのマッチングについての課題は、今後、とくに重要になってくるものと思われる。人・団体・情報などは顕在化しているものについては、つないでいくことに関する検討は比較的わかりやすいものになるが、その一方で潜在化しているものについて、その掘り起こし、調査、検討などを続けていけば、どうしても一定の知識や経験の蓄積が必要となってくる。

また、必要とされている情報や人・団体が真に必要としている対象に、適切なタイミングでマッチングすることが求められるが、それを実現していくことが困難な場合も多々ある。というのも、社会的に排除され、経済的にも困窮している人びとが潜在化している状況では、そのような人びとが、そもそもいったいどのような人びとであり、いかなるニーズを持っているのかについて明らかにし、社会に訴えていく過程に困難がともなっているからである。地方公共団体の広報や回覧板、インターネット、新聞、テレビ、雑誌、書籍など様々な媒体から距離をおいていたり、経済的な事情から、それらの媒体にアクセスすることができない場合や、他者との関係を保ちにくい場合など様々な事情があるだろう。地方都市の貧困は、子どもの貧困に限らず、現実に見えにくいケースが多いため、今後、現状を把握すべく、宮崎県内の各現場へ出かけて、現地調査、聴き取り調査を行う予定である。また、収集した情報を整理・分析し、その内容についてのシンポジウムや意見交換会、一般市民を対象にした公開講座等の開催を行うことも予定している。調査のなかで得られた知見や実践のなかで蓄積した支援のノウハウは、誰でもアクセス可能な情報として公開していくこととしている。

最後に、組織のガバナンスとマネージメントの課題である。組織としては、ある程度までの規模拡大、範囲の拡大を図る必要はあるが、そこには、共通の理念とメンバーシップの共有が必要である。構成員それぞれの多様性を確保しながら、共通の意識を保ち続けていくためには、相互に十分なコミュニケーションをとりながら、常にアンテナを張り、それぞれが自分自身をブラッシュ・アップしていくことができるような組織づくりに努めることが不可欠である。

第6章

貧困をどうとらえるか

志賀信夫
（大谷大学文学部社会学科）

1　はじめに

本書ではこれまでに、いくつかの側面から地方都市における子どもの貧困をみてきた。第1章の子どもの貧困に関する具体的ケースの紹介に始まり、宮崎県宮崎市における取り組みの先進事例（第3章）、福岡県北九州市における取り組みの先進事例（第4章）、そして宮崎県北部地域における取り組みの現状と課題（第5章）が論じられてきた。これらの議論を受け、本章では「貧困とはなにか?」ということを整理していきたい。この「貧困とはなにか?」という整理のなかでは、喜多氏が主張している「心の貧困」について社会学的に分析するつもりである。

さて、「貧困とはなにか?」と尋ねられたら、皆さんはどう答えるだろうか。そんなことを突然尋ねられても、回答に詰まってしまう方も多くいるかもしれない。そこで、少し趣向を変えて、「貧困の反対のことばはなにか?」というところから考えていきたい。つまり、貧困の対義語から考えていこう、ということである。

この「貧困の反対のことばはなにか?」という質問は、大学で私が学期の最終講義で必ず学生に対して行うものである。講義のなかでは、質問用紙に「貧困ということばの対義語は何だと思いますか」という質問項目と、「その対義語をあなたが選んだ理由について記述しなさい」という質問項目を設けて、学生に回答してもらうようにしている。読者の皆さんは、どのような回答を思い浮かべるだろうか。さらに読み進める前に、少し考えてみてほしい。

ある大学の学生たちの回答の結果は、以下のようなものであった(図表6—①を参照)。約九割の学生は、貧困の対義語として「裕福」と回答している。また、貧困の対義語として「裕福」を選んだ理由としては、「お金があって生活に余裕があるというイメージだから」というのがその大部分であった。

もしかしたら、読者のなかにも「裕福」ということばを思い浮かべた方がいるかもしれない。いや、場合によっては大部分の皆さんがそうである可能性もある。

図表6―①　学生に聞いた「貧困の対義語」（2015年4月～2016年3月）

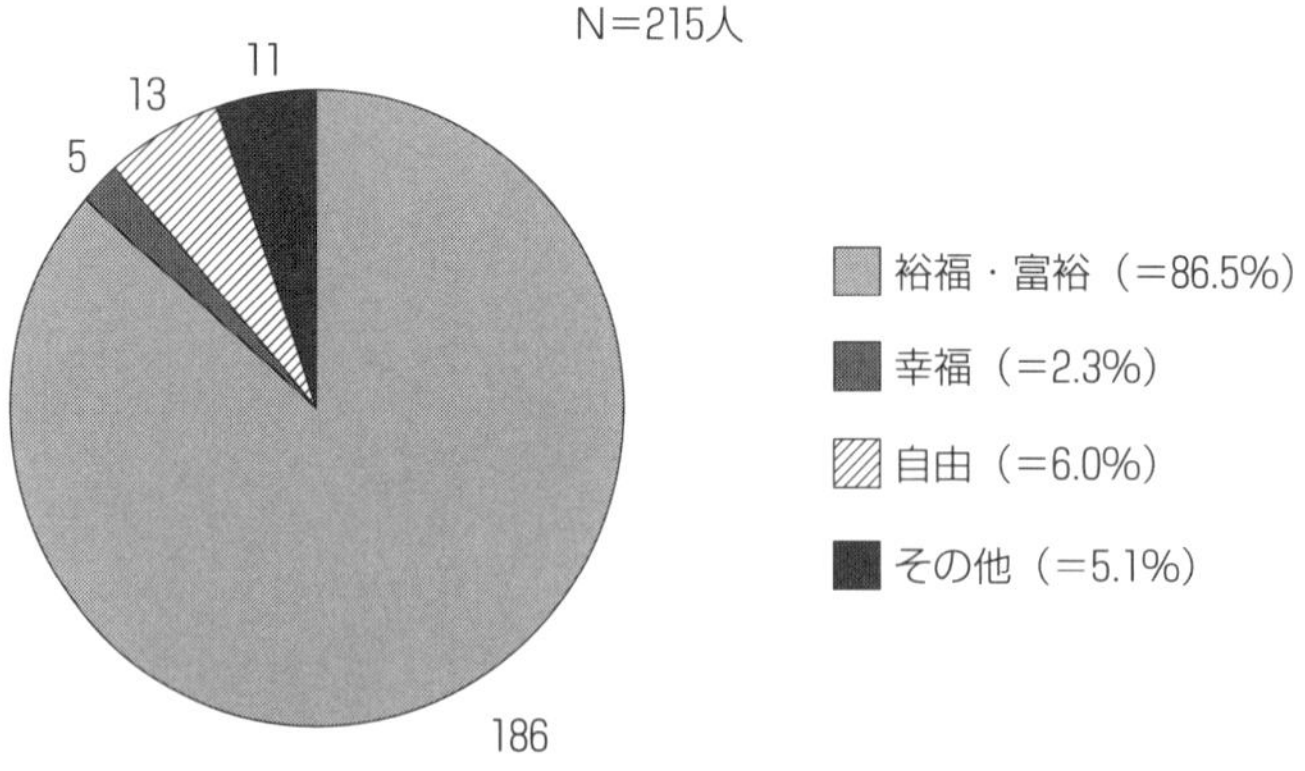

出典：筆者作成

このような質問を学生にしています、ということを他の教員に言ったら、「それは意地悪な質問だな」、「それは学生に酷な質問だよ」というご指摘をいただくこともある。しかし、私の講義ではこの質問に対して正しいと思われる回答をいただこうというつもりはまったくない。この質問はあくまでも、正答を目的としているのではなく、「貧困とはなにか」について考え、その考えを再整理してもらうきっかけとすることを目的としている。だから、読者の皆さんが「裕福」やこれと類似したことばを選択していたとするならば、それは本章を読み進めるうえでとてもよい出発地点に立っていることになると私は思う。

もちろん、図表6―①で学生が回答しているような「自由」や「幸福」ということば、あるいはそれ以外のことばを思い浮かべた読者もいるだろう。ここでは、そのすべてを取り上げることはできないが、学生が回答している「自由」や「幸福」については、後に向き合っていくことにしたい。

2 「貧困」の対義語は「裕福」？

早速だが、貧困の対義語は「裕福」なのだろうか。もちろん間違いではない。貧困問題の中心はこれまで経済的困窮、つまりお金がなくて困っているという問題であったことを考えれば、それは改めて言うまでもないことである。

子どもの貧困率一六・三％という数値は、世帯の所得に関して論じているものであるし、生活保護制度における生活扶助も現金給付である。さらに言えば、生活保護制度が利用できるか否かも、世帯所得や資産等がその判断の重要な要素となっている。つまり、「貧困」とは経済的に困窮しているということであると考えるならば、貧困の対義語は「裕福」ということばで正しいということになる。

だが、ここで立ち止まってもう一度考えてほしい。貧困の対義語が「裕福」であり、「裕福」が、お金があるというイメージであるならば、「貧困」とは経済的困窮という問題に限定されるものとなってしまう。

本書では、子どもの貧困問題のなかには経済的困窮だけではなく、「関係性の貧困」や「心の貧困」と表現されるような問題が含まれていることが論じられている。たとえば、喜多氏（本書第2章）は、これまで取り組んできた子どもの居場所づくりの実践経験から、経済的困窮への対応だけでは子どもの貧困はなくならないと主張している。喜多氏は、経済的困窮と同時に「心の貧困」への対応の重要性を主張し続けているのである。

「心の貧困」への対応の必要性は、他の様々な地域においても「子どもの居場所づくり」、「子ども食堂」、「学習支援」等の市民による内発的な実践活動が日を追うごとに数多く生じてきていることからも理解できる。もはや、子どもの貧困への対応として経済的支援だけでは十分でないことが、社会全体で経験的に認識されてきているということがここに示されているのである。

ここでまず整理できることは、貧困とはもはや経済的困窮だけに限定されないものとなってきているということである。つまり、貧困は経済的困窮の問題とともに「心の貧困」という問題も含んで考えていかなければならないということになる。どうやら、「心の貧困」ということがキーワードの一つとなりそうである。

だが、この「心の貧困」とはどのように考えるべきものなのだろうか。心の問題を貧困問題として語ることができるのだろうか、この問題に対して何らかの対策は可能なのだろうか、読者の皆さんの頭のなかにはこうした疑問が生じてくるに違いない。それは当然の疑問である。この疑問に答えようとするには、「心の貧困」がなぜ生じているのか、それがなぜ社会的な問題となってきたのか、という過程を説明する必要がある。そこで、次節では「心の貧困」という問題が社会問題となってきた過程を説明するところから、この課題に迫っていきたい。

なお、「貧困」ということばの対義語については、「心の貧困」というキーワードを読み解いたうえで、本章の最後の節でもう一度考えていくことにしたい。

3 「心の貧困」って何？

(1) 「心の貧困」と家族のかたち

「心の貧困」の問題はともすれば、「頑張りの不足」や「心の弱さ」等の主観的な問題として片づけられてしまいかねないものである。これについては、喜多氏もこれまでの活動のなかで地域や大人の理解を得るのが最も難しいものだったと回顧している。

私は本節で、やや理論的に「心の貧困」が必然的に生じる現代的問題であることの説明を試みていこうと思う。

「心の貧困」の問題は、何よりも家族によって従来担われていた福祉機能と、従来の家族から形成されていた地域によって担われていた福祉機能が、その外部に放り出された結果として生じてきたものであるとみることができる。私はこれを、家族や地域の「福祉機能の外化」と呼んでいる。

ここで言うところの「従来の家族」とは、両親がいて、父親が外で働き、母親が家事労働に従事している家族モデルを想定している。

近年、交通の発達や通信の発達によって、経済活動は世界規模で展開されるようになってきたが、こうした動きのなかで、当然、産業のあり方も変わってきた（第一次産業→第二次産業→第三次産業）。産業のあり方が変わってくると、働き方や家族形態だけでなく、価値観が変わってくる。

また、人びとの働き方が変化してきているということは、家族形態も変化してくる可能性があるということである。家族形態の変化というより、多様化と表現したほうが適切かもしれない。両親と子どもからなる家庭、祖父母および両親とその子どもからなる家庭、父子家庭、母子家庭、婚姻関係にもとづかないパートナーから形成される家庭など、現代の家族のかたちを列挙していたらきりがない。こうした家族形態の多様化は、全体として家族の人員数にも変化をもたらしている。

整理すると、産業構造の変化と同時に女性が社会進出し、核家族化が進展（核家族の割合が増加したというより、核家族に分類される家族形態が一様ではなくなってきている、ということ）し、世帯人員数は減少傾向にあるということだ。簡単に言えば、昔は大家族が多かったが、現代社会では大家族は減少し、二〜四人から形成される多様なかたちの家族が多くなってきているということである。この変化については、図表6—②〜④を参照してほしい。

こうした変化のなかで生じてくる価値観の変化は、たとえば、男性が外で働き、女性が家を守るべきだというような価値観だけが中心的な価値観ではなくなってしまったということから理解できるものである。もちろん、そのような価値観が重要であると考える人もおり、それがないがしろにされるべきではないが、そうではない考え方の人も増えてきているということである。様々な考え方が認められる世の中になってきたのである。現代社会の重要なキーワードは、このような様々な考え方があり、様々な人がいるという意味で使用される「多様性（ダイバーシティ）」である。

多様な価値観をもった多様な人びとから構成される社会は、これからさらに高度化してくると思われる。これを歓迎しようとしまいと、この流れは誰にも止められない。その過程では、当然のことながら、メリットとデメリットが生じてくる。

メリットとしては、どのような価値観であっても、他者の市民としての自由を侵害しなければ否定されることはなくなってきているということを挙げることができる。この価値観の多様化が派生的にもたらす影響力は、予測がつかないほど大きなものである。一方、デメリットとしては、子どもの貧困と関係づけて考えれば、たとえば、従来の家族によって果たされていた機能を果たすことができなくなってきているということを挙げることができる。すでに述べたが、「家族機能の外化」と私が表現したものである。

父親が外で働き、母親が家を守るという価値観は、それが可能であり、父親が家族全体を養うことができるという事実によって培われ、強化されてきたが、現代社会ではそれが不可能なケースも増加しつつあるのだ。多様な生き方が生じてきているという事実が、多様な価値観を養っていっているという側面もある。

図表6―② 産業（3部門）別15歳以上就業者数の推移―全国

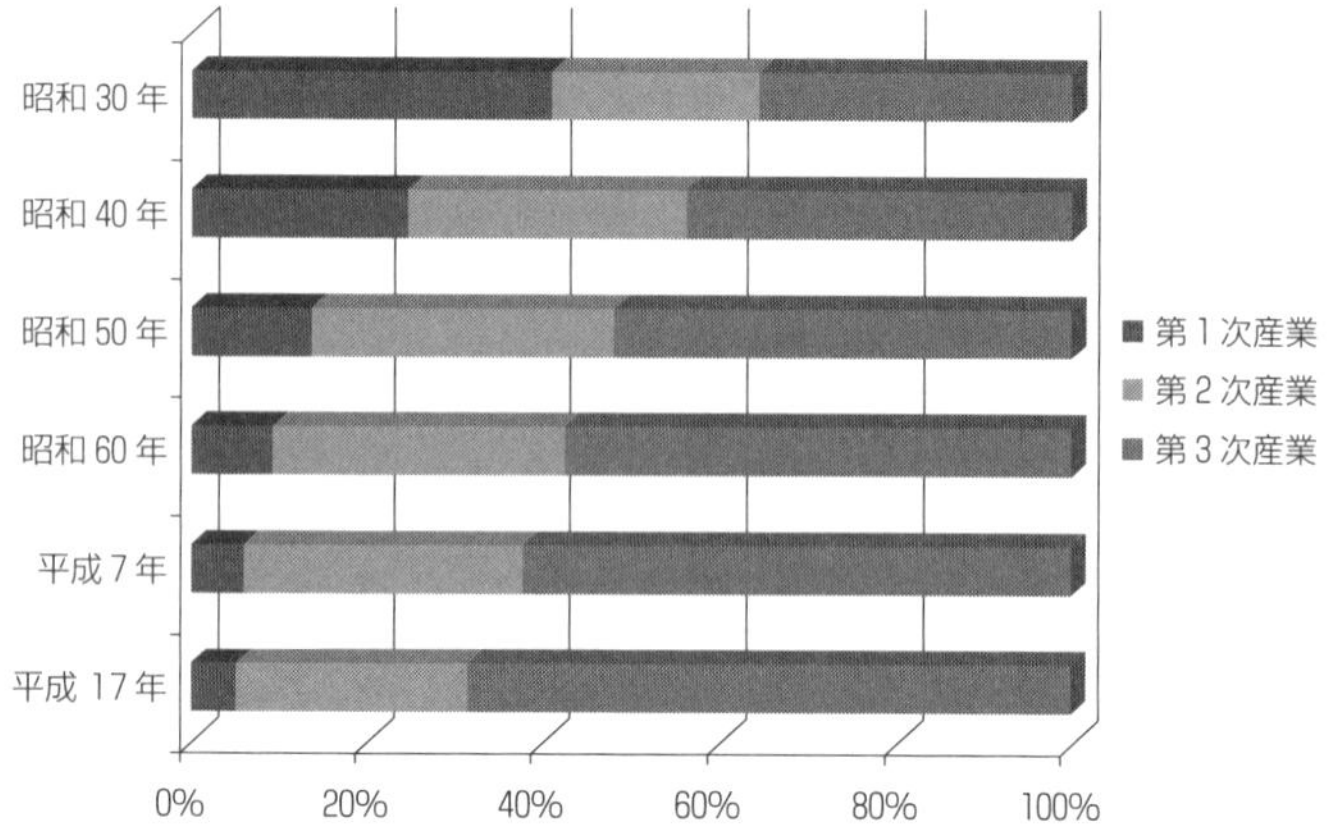

出典：総務省統計局 国勢調査「産業（3部門）別15歳以上就業者数の推移――全国」（大正9年～平成17年）をもとに筆者作成

図表6―③ 世帯の家族類型別世帯割合の推移

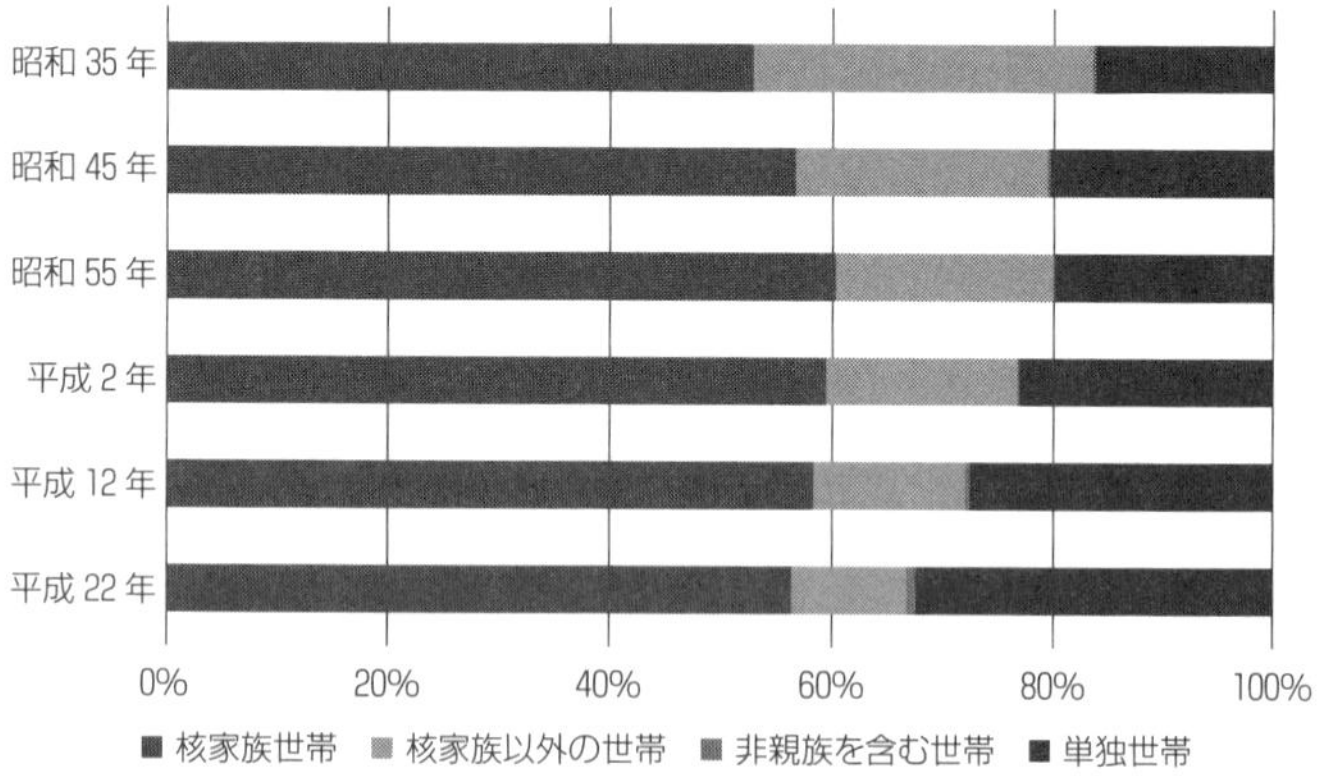

出典：総務省統計局 国勢調査「世帯の家族類型別一般世帯数・親族人員及び1世帯当たり親族人員」（昭和35年～平成17年）、および総務省統計局統計調査部国勢統計課「国勢調査報告」をもとに筆者作成

図表６―④　１世帯当たり人員数

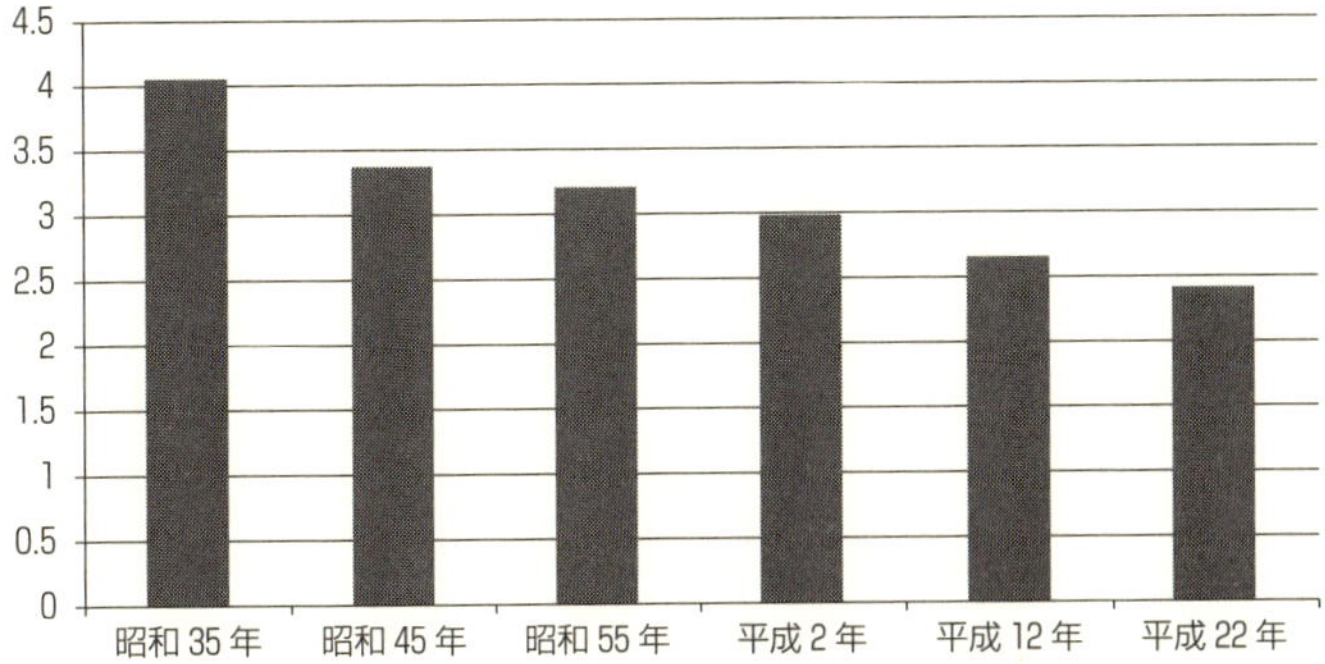

出典：総務省統計局 国勢調査「世帯の家族類型別一般世帯数・親族人員及び１世帯当たり親族人員」(昭和 35 年〜平成 17 年)、および総務省統計局統計調査部国勢統計課「国勢調査報告」をもとに筆者作成

先に述べた事実について、子どもと家庭という視点からみれば、かつて家庭のなかで与えられていた安心や教えられていたことが、現在の家庭では得られなくなってきている傾向があるということになる。この安心や教育の機能は、子どもがやがて社会へ出ていくときに重要な精神的体力や能力を形成する基盤であった。しかし、そうした基盤が家庭外に放り出されているケースが看過できないほどに増加してきているのである。

こうした一連の変化は、社会政策の変化よりもずっと速いスピードで進んだ。社会政策のなかには、雇用政策や社会保障政策などの様々な領域の政策が含まれるが、雇用のあり方が変わってくると、生活保障のあり方もそれに合わせて変化せねばならない。たとえば、女性の働き方が変わってくれれば、女性がかつて担っていた家事労働を誰かが負担する必要が出てくるし、そもそも女性が社会進出して働き始めたということは、女性か男性かという性差によって、同じ労働でも賃金が異なってくるというようなことがあってはならないはずである。あるいは、雇用する際にも性差を理由にした差別があってはならないはずである。こうした差別は、賃金格差や雇用格差を生起させるからである。

しかしかつては、男性が外で働き女性が家を守るという考え方を社会問題となるほどの差別であると考える人はいなかったため、急激にそのような考え方が消滅し、新しい考え方にもとづく社会が登場できるはずはない。何事にも過渡期というものがある。現在はその過渡期である。かつて一般的であったような考え方と新しい考え方を持った人びとが、同じ社会に存在しているのである。そして、この社会の政策を決定していくのは、そうした多様な考え方を持った社会の構成員一人ひとりであるということが原則である。それが民主主義である。

そうであるならば、かつての考え方に即した社会政策が急激に新たな社会政策に取って代わられるということは考えにくい。実際、現在の社会政策はそのようになっている。さらに、社会政策はあらゆる利害関係の反映でもあるので、ことはそう単純ではない。ここでは社会政策について論じることが主たる課題ではないので、これ以上は踏み込まず、「心の貧困」へと話題を戻していこう。

(2) 「心の貧困」への対応

「心の貧困」への対応のために現代の子どもの貧困問題を分析すると、その問題にはあるポジティブな新しい考え方（社会規範）が萌芽的に生じてきているという面を発見することができる。

子どもの貧困対策のなかで多様な試みが生じてきているのは、貧困というものがもはや家族のなかだけで解決すべき問題ではなく、市民全体で解決すべき問題であるという考え方が含まれてきているのである。もちろん、子どもの貧困対策に取り組んでいる人びとのなかには、「子どもの親がダメだから」という考え方を持っている人もいるかもしれない。それでも、その考え方にはすでに、親は親、子どもは子ども、という考え方が芽吹いている。そこにはまた、親がどうであろうと、子どもを一人の個人としてみていこう、子どもの生き方を尊重しよう、という考え方につながりうる可能性が潜在的に含まれている。これは、どのような人であっても理解すべき相手であり、尊重すべき人格なのだという、人間の多様性の尊重という考え方を前提に含むものである。

日本の母子世帯の子どもの半数以上が相対的貧困の状態にあるというが、それは女性に対する生活保障を含めた社会政策が、他国ほど整備されていないことが原因の一つである。また、日本の生活保障の最後のセーフティネットである生活保護は、これを受給するまでのハードルが高く、漏給が非常に多いといわれている。こうしたなかで、母子世帯の母親が経済的困窮の状況を避けようとして労働を優先せざるを得ず、子どもとともに過ごすはずの時間を費消してしまうということもある。母子世帯でなくても、労働市場の柔軟化によって、過当競争や「下への競争」の渦中に両親ともに投げ込まれている場合、やはり子どもとともに過ごす時間の減少は避けられないということもある。たとえば、本書の第1章で紹介されている具体的なケースをみれば、それが理解できよう。

何が言いたいのかというと、「心の貧困」とは、ある意味で親の責任ではなく、またもちろん、子どもの責任でもないという側面があるということ、そして、それは社会政策の過渡期に必然的に生じてくる必ず向き合うべき問題であるということである。何らかの事情で親が子どもとともに過ごす時間を費消せざるを得ず、家族機能が「外化」されるとき、これに代わって柔軟に対応できるのは、市民による助け合いをおいて他にない。社会政策は徐々に変化してきているが、多様な考え方を持つ人びとが存在する社会では、それが急激な変貌を遂げるということは期待できない。注意しておきたいのは、そうした社会が悪いということではなく、それが民主主義社会の現実であり、そんな社会であるからこそ、より良い社会の可能性がひろがっていくのである。むしろ、こうした多様な社会になってきているからこそ、多様な生き方や多様な家族のあり方があるのだと認め合う土壌が形成されていくことを考えれば、社会政策の展開は遅いともいえない。いずれにせよ、政策がきちんと対応できるようになるまでには一定の時間差が生じることは確実なことである。

こんなときに柔軟に対応できるのは、市民の連携によってつくられていく安全網である。地縁や血縁で形成される連携もそのなかにはあるだろうし、まったく関係のない市民が集まって新しい連携をつくり出していくこともあるだろう。「のびのびフリースペース」や「結い」の活動は、後者である。数年前は顔も名前もまったく知らなかった、年齢も職業も異なった人びとが集まり、ネットワークをつくろうとしている。また、住んでいる地域すらもまったく異なっている人びととの交流のなかでお互いに影響を与え合い、地域づくりを進めている。このような実践のなかで生じてくるのは、様々な考え方を持つ他者の存在に対する理解、様々な生活のあり方があるという理解である。つまり、人間は多様なものであるという理解である。さらにいえば、このような市民による連携は、賃金や労働条件のような一定の範囲内における利害関係を紐帯としたものではなく、人間の全般的な「自由」の実質性の要求を紐帯としたものである。

「心の貧困」という問題を抱えている子どもやその子どもの親は、読者の皆さんが考えている人間像や家族像とは違っているかもしれない。場合によっては、本書第1章、第2章の具体的ケースをみて、親に対して、あるいは子どもの言い分に対して嫌悪感を感じた人もあるかもしれない。しかし、そうであるからといって、特定の人間像や家族像に一致するようにすべきであると主張するのは、先に説明した社会の変化を無視してしまうことになる。経済のあり方が変化し、働き方が変化し、それにともない価値観が多様化してきているにもかかわらず、一定の価値観にもとづく生き方やあり方を他者に期待するというには、もはや時代が変わりすぎているのである。

「心の貧困」への対応は、喜多氏が長年の経験から述べているように、その子どもを受け入れ、理解し、信頼関係を構築していくことが重要であり、空間としての居場所とともに、その空間を落ち着ける空間（すなわち「居場所」）としてつくり上げていくことが必要なのである。付言しておくと、そのような機能を担う場所が、家庭の外にあってもいいのだ。むしろ、そんな場所を市民の連携から積極的に形成していくことが、いま求められているのである。

4　そんなことはわかっているという皆様に

――「心の貧困」への対応のその先に

さて、これまでに「心の貧困」という問題が社会問題化してきた過程についてみてきたが、そのなかでは子どもの「居場所」は家庭のなかだけでなく、市民の連携によりつくられていくべきものであるということを述べてきた。そして、そのような「居場所」は、子どもにとって単なる空間ではなく、大人とともにつくりあげていく信頼関係によって成り立つ場所でもあった。

このようなことは、いまに言われ始めたことではない。ずっと主張されてきたことである。本書だけでなく、類書でもすでに指摘されてきた内容であり、読者のなかには、「そんなことは百も承知だ」という方も多くいるだろう。

そこで、本節ではさらに一歩進んで、「心の貧困」への対応のその先に何があるのかということについて、理論的に説明していきたい。私としても、喜多氏や片田氏の実践的活動に関するインタビューから得られた情報とその活動の意義に関する説明を、子どもの人格と権利を尊重すべきだというありふれた説明だけで終わらせるわけにはいかない。子どもに寄り添うということは、「どこまで寄り添うのか」、「この先、この子はどうなっていくのか」ということを常に考えながら行っていくものであり、いまこの瞬間の寄り添いがうまくいっているように見えればそれでいいということでもない。どうすれば子どもへの寄り添いが成功だったのか、ということが常に厳しく問われ続けなければならない。

片田氏は、その実践的活動のなかで「われわれのような活動がその子どもにとって必要でなくなったとき、そのときに初めて支援が成功したんじゃないかと思う」と言っている。喜多氏も「ぼくのところに来なくてもいいようになれば、それが一番いいと思う」と言っている。

子どももやがて大人になるが、喜多氏の活動のなかでは、初めて会ったときに中・高校生だった子どもたちは現在、三〇歳を超えている。そのなかには、喜多氏を良い意味で頼りにしなくなった者もいれば、当時と同じように生きづらさを抱えて相談に来ている者もいる。他にも、より深い生きづらさを抱えてしまい、相談にすら来ることができなくなった者もいる。片田氏と喜多氏がいうように、積極的な理由からもはや支援を必要としなくなるということはどういうことかを考えるところから、本節の主題である「心の貧困」への対応の先に何があるのかを考えていきたい。

この疑問に対する回答は、前節の説明とも関係している。子どもを受け入れ、人格を認め尊重するということは、その子どもの意見にしっかりと耳を傾けるということである。だが、さらに考えると、なぜ人格を認め、その子どもの意見に耳を傾ける必要があるのか。子どもの権利があるからであるというのはたしかにそうだが、理由はそれだけに拠らない。そうすることによって生活上の問題とどうつながるのかということを説明するのが、ここで求められていることだろう。

(1) 「役割遂行型」の社会参加と「自己決定型」の社会参加

これまでに、経済活動が地球規模化し、産業構造や働き方が変化したことで、価値観や家族形態が多様化してきたということを説明してきた。そのなかで、もう一つ変化したことがある。それは、人びとの「社会参加」のあり方である。「社会参加」をめぐる考え方は、じつは貧困問題を考える際に非常に重要になってくるものである。

貧困とはそもそも、「ある社会の人びとが容認できないと判断する生活状態」をひとことで表現したものである。詳細に興味がある読者は、拙著(『貧困理論の再検討――相対的貧困から社会的排除へ』[※1])を参照いただきたいのだが、こうした社会規範は、時代によって、社会によって変化する。時代が進み、社会が発展すれば、貧困の意味もより広くなってくるだけでなく、ある部分は質的な変化があるかもしれない。

たとえば、かつては洗濯機や携帯電話などはぜいたく品だった。しかし、現在の日本社会では、洗濯機をあえて持たないという人以外はほとんどの人が持っており、経済的な理由で洗濯機を持てないという人は貧困状態にある、と判断されるようになってきた。携帯電話もそうである。現在、携帯電話を持たずに、就職活動を含めた社会生活を継続するというのは困難になってきている。アパートを借りるときにも、固定電話ではなく携帯電話の番号を書くことが多くなってきていることを考えれば、携帯電話は生活必需品の一つとなっているといえる。

このように貧困に含まれる内容というのは、時代によって、社会によって変化してきているという事実は理解できるものであろう。ここで考えねばならないことは、現代社会における貧困には、具体的にどのような意味が含まれてきているのかということである。

貧困問題に関心のある人であれば、「絶対的貧困」ということばと「相対的貧困」ということばを聞いたことがあるかもしれない。まずは、この説明から始めよう。

絶対的貧困というのは、もともとは一九世紀末から二〇世紀初頭、イギリスのラウントリーという人が行った貧困調査を通して提示された考え方である。ラウントリーによれば、動物として生きることのできないような生活状態を貧困として考えるということであった。要するに、食べることができないほど経済的に苦しいというような、いわば「動物的生存」に関わるような生活状態である。

そこからさらに時代が進み、社会が発展してくると、イギリスでは食べられない人が少なくなってきた。そうすると、一九五〇～六〇年には、貧困問題は解決したのだと主張する人が出てきた。しかしその一方で、貧困に関する研究や文献が増加するという不思議な状況が生じた。時代や社会の変化は、人びとの価値観の変化を生み、当時のイギリス社会の人は「動物として生きているだけでいいのだろうか」と考えるようになってきたのである。すなわち、人びとは動物としてだけでなく、その社会であるべき生き方というのがあるのではないかと考えるようになってきたのである。あるべき生き方というのは、たとえば「男性は外で働き、女性が家を守る」という生き方である。

この時代、家族や地域から期待される男性や女性、子どもあるいは高齢者としての生き方やあり方という社会規範が醸成されてきていたのである。このような期待にこたえるということが、この時代の「社会参加」だったのである。さらにいえば、期待される生き方はそれほど多様ではなかったので、特定の「生活様式」がある程度想定できた。この「生活様式」を成立させるのは、そのような「生活様式」をおくるために必要な物品である。そこで、一九七〇年代にタウンゼントという貧困研究者が、そのような「生活様式」を成立させるための財はいかほどのものなのかという理論を提示した。タウンゼントは、期待される役割を果たすための「生活様式」を維持できなくなる一定の所得水準があることを発見し、その水準以下の状態を「相対的剝奪（そうたいてきはくだつ）」と名づけたのである。これ以降、相対的剝奪の考え方にもとづく貧困やこの考え方から派生した貧困を、「相対的貧困」と呼ぶようになったのである。

相対的貧困の考え方には、絶対的貧困の考え方にはなかったある意味が付加されている。つまり、貧困の意味が膨らんだのだが、どのような意味が付加されたのかというと、それは「社会参加」である。これは非常に画期的なことであった。ラウントリーの貧困が「動物的生存」に関わるものであったのに対し、タウンゼントの貧困は家族という共同体や地域という共同体からの期待に即した生き方と関係するものであるので、「共同体的生存」に関わるものであった。また、この「共同体的生存」に含まれる「社会参加」の考え方は、ひとことで表現するならば「役割遂行型」の社会参加である。

現在に至るまでに、このタウンゼントの理論は世界中で利用され、日本でも普及している。読者のなかには、「相対的貧困率」ということばを新聞やテレビで見聞きしたことがあるかもしれないが、それはこのタウンゼントの理論をベースにしているのである。

タウンゼントの貧困の理論は一九七〇年代に提示されたものだが、現代社会における生活状態に関する諸問題は、相対的貧困で十分にとらえることができるのだろうか。答えは「ノー」である。たとえば、タウンゼントは所得貧困を中心として貧困問題を見ているが、現代社会ではそれだけで十分でないことは、本書のメインテーマとなっていることでもある。いまや財の欠如は貧困問題の一側面であるが（しかし重要な一側面である）、それだけではないのである。

では、どう考えるべきか。「社会参加」という考え方を一つの切り口に見ていくとわかりやすい。相対的貧困という考え方が提示されて以降、貧困問題のなかには「社会参加」をどのように達成していくかということが重要な課題とされてきた。しかし、タウンゼントの理論においては、「役割遂行型」の社会参加をその基礎に置いており、現代の価値観と符合しないところが生じてきている。

本章第3節で述べたが、現代社会において生じてきている新しい価値観は、多様性を特徴とするものであった。もし私が、男はかくあるべきで女はかくあるべきだとここで主張するとすれば、この原稿はおそらく皆様の手元に届くことはないだろう。時代はそうした特定の価値観を押しつけることを拒否するようになってきている。この原稿を書いているこの瞬間にも、ある中学校の校長先生が公的な場において、女性はかくあるべきだというような発言をして問題になっている。

現在の日本では、他者の生き方を直接的であろうが間接的であろうが、自分の価値観にもとづいて否定するという行為が社会的に認められなくなってきており、人それぞれの生き方を保証すべきであるという考え方が醸成されつつある。これは、人びとの社会との関わり方、つまり「社会参加」のあり方が変化してきているということにも関係している。

どのように変化しているのか。とくに八〇年代以降の経済政策や社会政策を見ていくと、そのなかに貫かれている一つの社会規範は「自己決定」である。期待される役割を果たすという生き方から、「自己決定」しながら自分自身の生活と人生を形成していくという生き方に変化してきているのである。

この「自己決定」の登場によって、一方では、人びとの人生における自由度が増したという側面があるが、他方で、諸個人は選択の連続のなかで人生を形づくらねばならず、その選択が望んでいた結果とは異なる結果を招き、何らかの困難を抱えてしまうということにもなりうるという側面もある。この「自己決定型」の社会参加がはたして良いことなのかどうかは、ここでは判断できない。社会は現実にそうなってきているという事実が重要である。

(2) 「自己決定型」社会参加と子ども

「自己決定型」社会参加は、自己の意思にもとづいた決定のなかで生活が形成される。そうであるならば、自分の意思を持ち、それを表現し、他者やコミュニティと関わっていかねばならない。

このコミュニティも、従来のようなコミュニティのように期待される役割にもとづいている諸個人によって形成されているものではないため、自分自身がどうしたいのかを表現していかねば、自分の立ち位置は不明確なものとなり、居場所は形成されない。

もちろん、すべての人がうまく自己決定できるわけではない。現代社会では、何らかの事情で自己決定できずに自分自身の立ち位置がわからなくなり、自分の場所を見出せなくなることがある。それは難しいことばで、「社会的排除」と表現されることがある。かつて、タウンゼントが貧困を「相対的剝奪」という考え方から説明したのに対し、現代の貧困は「社会的排除」という考え方からも説明されるようになってきているのだ。貧困の意味の一部が質的に変化し、さらに広がったのである。

自己決定できない理由には、様々な事情がある。経済的な理由かもしれないし、環境的な理由かもしれない。場合によっては、自己決定する能力の形成が阻害されていたり、病気や障がいによるものかもしれない。つまり、自己決定しつつ自分自身の生活を形成していくためには、各々の個人の事情に即した支援が必要なのである。経済的支援だけでは貧困は解決しない。

子どもの場合、経済的な困窮も問題となるが、「心の貧困」の状態が継続すると、様々な能力の形成が阻害されてしまう。また、一人の人格として認められないという状況が継続すると、自分のなかで意思決定したことがらを他者に対して表現するという壁を超えられなくなってしまう。それどころか、意思を持つということそのものが阻害されてしまうこともあるかもしれない。

自分の意思を持つということと、それを表現するということを一つひとつのステップとして考えると、前者から後者へのステップはかなりの段差があるが、この段差をクリアするには自分の意思に対する一定の自信が必要である。一人の人格として認められていない状況が継続すると、自己肯定感が低くなってしまい、この段差はその本人にとっては、はてしなく大きなものになってしまう。「心の貧困」への対応のなかで、空間としての居場所だけでなく、信頼関係を構築しながらともにつくりだしていく「居場所」づくりというのは、実はこうした現代社会を生きるうえでの「自己決定」のトレーニングをする場所でもある。

そうすると、「心の貧困」への対応のその先に何があるのかという疑問に対しては、「自己決定型」の社会で自分自身の生活を形成していけるようにするという回答を引き出すことができる。もちろん、誰もが自己決定できる大人になるわけではない。しかし、現代社会は多様な人びとを認める社会になってきているのであるから、どのような人でも市民社会において保障されるべき「自由」を実質的なものにしていこうという方向性に向かっている。ただし、完全にそうなっているわけでもないので、いまこの瞬間だけを切り取ると、不条理なことがまかりとおっていることも多いことはことわっておきたい。

5　おわりに——貧困の対義語、そして地方都市

本章では、「心の貧困」に焦点化して考えてきた。経済が地球規模化し、産業構造が変化し、価値観や家族形態が多様化するなかで、「社会参加」のあり方も変化したということも説明した。まとめとして、貧困ということばの対義語をもう一度考えていきたい。貧困問題は、もはや経済的困窮からだけでなく、環境や能力、属性などの様々な側面から考える必要が出てきている。つまり、お金があることをもって貧困でないとはいえなくなってきている。この点に関しては、本章のような長い説明をするまでもなく、たとえば、同じ所得があっても、健康な人と病弱な人では同じ水準の生活を送ることができないことを考えれば、じつは容易に理解できることである。

お金は何のために重要なのか、能力や環境は何のために重要なのか、これを考えてみてほしい。それは諸個人にとって、「善い生き方」を送るために重要なのである。お金はそのための一手段であって、お金があることをもって「善い生き方」が保証されるわけではない。この「善い生き方」は英語で、well-beingと呼ばれるものである。wellは善い、beingはあり方や生き方と訳される。このwell-beingを「福祉」や「幸福」と訳すこともある。貧困の対義語はwell-beingであり、その場合、「幸福」という訳をあてるのが良いかもしれない。

お金や能力、環境の整備は、諸個人の「well-being＝幸福」を追求するために重要なのである。だから、貧困の対義語は「幸福」であるという結論にたどりつく。

もちろん、「幸福」というものは人それぞれで形が違う。だからこそ、幸福を追求するための一定の「自由」が人びとに保障されるべきであり、この保障された「自由」の範囲内で、諸個人は「自己決定」しながら生きていけるようにしていく必要があるのである。なお、この「自由」という概念はわかりにくいものかもしれないが、財・能力（属性も含む）・環境の組み合わせによって個人の眼の前に広がる選択可能な範囲のことと説明できるものである。少し難しい概念なので詳細は省くが、もっと知りたい方はアマルティア・センのケイパビリティ概念を参照してほしい[※2、※3]。

ところで、「心の貧困」への対応の必要性を自己決定の「能力」という関係から論じてきたが、「環境」という側面も考慮する必要がある。

本書において片田氏が主張しているのは、まさにこの「環境」という側面からのものである。地方都市には、社会の変化によって諸個人が被るネガティブな影響を緩和するための社会的資源が少ない。地方都市のなかでも、県庁所在地がある場所ならばまだマシなほうである。それ以外の、さらに人口規模の小さい地方中小都市ともいうべき地域には、このような社会的資源が極端に少ないか、あるいはない場合もある。詳細は片田が論じているが、環境的にも都市部と格差がある地域の子どもの貧困は深刻である。

本章で論じてきたような社会状況の諸変化は、都市部だけでなく、地方都市でも確実に起きている。地方都市においては、昔ながらの家族共同体や地域共同体が貧困を緩和していると思われるかもしれないが、そのような事実は確認できない。この点については、本書の日田氏が執筆している第3章を参照してほしい。また、拙著においても分析している。※4

ここに出ていない分析であるが、喜多氏と片田氏へのインタビュー調査、および喜多氏が蓄積してきた団体の内部資料をみていくと、「子どもの貧困」の問題が目立って生じてきたのはだいたい一九八〇年以降に生まれた子どもたちに多かった。この点はさらに調査していく必要があるが、社会状況が大きく変わり始めたのが八〇年代以降であるので、八〇年代以前に生まれた親世代と、八〇年代以降に生まれた子どもでは、「社会参加」に対する考え方がそもそも感覚的に異なるのではないだろうかという仮説を立てることができる。そのため、「役割遂行型」の社会参加にうまくのっていけるよう子どもに期待する親と、「自己決定型」の社会に生きる子どもとの間でうまくいかなくなるケースが生じてきたのではないだろうか。

「役割遂行型」の価値観は、子どもの人格を尊重するよりも、期待される子どもらしくあるほうを良しとする。こうした状況は、経済的困窮の状況にはないが、「心の貧困」の状況にあるという新しい形態の課題となってくる。母子世帯は、経済的貧困と「心の貧困」の両方のケースを抱えていることが多いが、両親のいる世帯で喜多氏の「のびのびフリースペース」に相談に来ているのは、「心の貧困」が中心的な問題となっているケースが多い。本書第7章で掛川氏が論じている非行の形態の変化も、この「心の貧困」と関係しているところがあるかもしれない。

地方都市では、こうした世代間の価値観の違いが色濃く残っている。高齢化率も高く、若者人口も減少しているために、「自己決定型」の社会を生きている子どもに対し、「役割遂行型」の社会で生きてきた大人たちが無意識のうちに追い詰めている側面もある。しかもそれが無意識であるために、大人が子どもにどう対応すればよいかわからなかったり、子どもの行動に違和感を感じたりすることも少なくないようである。

最後になるが、本書を通して地方都市であっても都市と変わらない子どもの貧困があるということとともに、地方都市であるからこそ抱えている特殊性についても、ともに考えるきっかけとなればと願っている。

注

※1　志賀信夫『貧困理論の再検討――相対的貧困から社会的排除へ――』（法律文化社、二〇一六年）。

※2　アマルティア・セン／池本幸生・野上裕生・佐藤仁訳『不平等の再検討　潜在能力と自由』（岩波書店、一九九九年）。

※3　アマルティア・セン／池本幸生訳『正義のアイデア』（明石書店、二〇一一年）。

※4　全泓奎『包摂都市を構想する――東アジアにおける実践――』（法律文化社、二〇一六年）。

第7章

子どもの「居場所」づくりは、非行を防ぐ？

掛川直之
（大阪市立大学都市研究プラザ）

はじめに――少年非行からみた子どもの貧困

「少年非行は増加し、凶悪化・低年齢化している」。メディアはそう喧伝するが、統計が示す少年非行は成人による犯罪と同様に減少している。凶悪犯罪としてイメージしやすい殺人罪をみても、一九六〇年代初頭の約三分の二にまで減少している。同様に強盗罪は増加傾向にあるが、強盗事件を起こして少年院に送致される数は増えている一方で、検察官送致になった少年は増えていない。

そもそも、強盗罪と窃盗罪、恐喝罪とは法適用の仕方いかんによって罪名が左右される犯罪類型である、といわれている。つまり、強盗罪は、取締りの強化等の犯罪統制機関の姿勢によって、増やすことも減らすことも可能なのである。少年院送致者が減少し、逆送案件が減っていることを考えれば、増えているのは凶悪な犯行ではなく、場当たり的でお粗末な犯行、といえるのかもしれない。また近年では、非行少年たちを大人にする雇用の受け皿が減少し、非行からの「卒業」を促す社会的圧力が働きにくくなっている、といわれている。[※1]じっさいには、非行少年の高年齢化が進行している、ということが推測される。

しばしば、「犯罪は社会を映す鏡である[※2]」と形容されるが、未成熟で成長発達の過程にある子どもたちの逸脱行動は社会情勢の影響を受けやすい。戦後の少年非行の特徴を俯瞰するときに登場するのが「四つの波」という表現だ。第一の波（一九五〇年をピーク）は戦後の混乱期の貧困がもたらし、第二の波（一九六三年をピーク）は社会制度への反発がもたらし、第三の波（一九八三年をピーク）は豊かさがもたらし、そして、第四の波（一九九八年をピーク）へとつながる、という分析である。ここ数年の社会情勢に目をやると、「一億総貧困社会」ともいうべき惨状は未だ改善の糸口をつかめず、ますます深刻な問題として根をおろしている。経済不況による生きづらさは、大人から子どもに対する寛容な精神を奪い去ってしまったようにさえみえる。第四の波は、子どもを子どもとしてみる余裕を失った大人からの強いメッセージと、凶悪化や低年齢化といった社会が抱く少年非行のイメージとの相乗効果によって、取締りの強化と厳罰化とを招き、そのことによってつくりだされたものとみることさえできよう。

平成の大不況が続くなかで、「子どもの貧困」が一種の流行のように語られる世にあって、貧困と非行との関係を論じることを求められるのは必然のなりゆきといえる。しかし、一口に貧困といっても、第一の波が問題となった戦後期の社会とは随分と事情が異なる。むろん、経済的な貧困が重大な課題であることに異論のないところではあるが、現在の貧困問題は他の要素からも議論されるようになってきている。その一つが、「関係性の貧困」や「心の貧困」といわれる問題である。[※3]犯罪学において、貧困と非行との関係については、直接的ではなく、親の不適切な養育や本人の学校不適応に影響を及ぼすことで結びつく、という見解が現在のところ一般に支持されている。[※4]経済的な貧困に加えて、家族との不和や学校への不適応など、子どもたちをとりかこむ小さな社会での問題が大きく関係しているのだ。この家庭内不和や学校不適応を一つの要因として「心の貧困」が生じることも考えうる。「心の貧困」がこのような人間関係のなかから生じるものであるとすれば、それは経済的には裕福な子どもにも起こりうる問題である、ということができる。ここから「子どもの貧困」という問題は、たんに衣食住が足りれば解決する、という単純なものではない、ということがわかるだろう。本章においては、この「心の貧困」をも含めた「子どもの貧困」にしかるべき手当を講じることで、非行という人びとから忌み嫌われる逸脱行動の一部を防止することをもできるのではないか、という仮説のもと、「子どもの貧困」と非行について考えてくことにする。

1　大人になることを急かす「大人」たち

⑴　いつまでが子どもで、いつからが大人？

現在では当然視されている子どもと大人という概念だが、有史以来、その線引きは明確になされてきたわけではなかった。「子ども」の発見は近代の出来事であり、かつての「子ども」は「小さな大人」として認知され、家族を越えて濃密な共同の場に属していた、といわれている。[※5]現在の日本では、この子どもと大人の線引きを二〇歳と民法で定め、飲酒や喫煙、さらにはローン契約の締結など、一部の権利行使の主体性を制限している。もっとも、海の向こうに目をむければ、下は一四歳、上は二一歳まで、「大人」の基準は様々である。先進諸国の標準は一八歳とされていることが多く、日本でも成人年齢の引き下げに関する議論は盛んに行われている。

内閣府が行った「民法の成年年齢に関する世論調査」（二〇一三年）では、「あなたは、子どもが大人になるためには、どのような条件が必要であると思いますか」という問いに対し、「自分がしたことについて自分で責任をとれること」という回答が七割を超えていた。[※6]上位回答として挙げられている回答としては、ほかに「自分自身で判断する能力を身に付けること」、「精神的に成熟をすること」が挙げられる。感覚的には理解できるが、明確な線引きのむずかしい議論であることがうかがい知れる。むろん逆は必ずしも真とはいえないが、裏を返せば、「自分がしたことについて自分で責任をとれない」、「自分自身で判断する能力に乏しい」、「精神的に未熟である」ということが、子どもという存在の前提にあるのだろう。

さて、年齢的な引き下げが議論されているのは、何も成人年齢だけではない。[※7] その代表格の一つとして挙げられるのが、少年法の適用年齢の引き下げの問題である。「凶悪」とされる少年事件が発生するたびに、その厳罰化が議論されているが、近年の争点は、少年法の保護対象そのものを現在の「二〇歳未満」から「一八歳未満」に引き下げる、というものだ。このことは、罪を犯した一八歳・一九歳の少年には教育ではなく刑罰が必要なのだ、という社会からの強いメッセージと読みとることができよう。その背景にある少年事件の増加や凶悪化といった言説が事実には反する、ということはすでに指摘したとおりだが、どうやらやはり「大人」たちは、「子ども」たちに早く大人になることを要求しているようである。

(2) なぜ、少年法という特別な枠組みが必要なのか?

周知のとおり、子どもの非行には、大人とは異なる少年法という法律が設けられている。だが、なぜ少年法という特別な枠組みが設けられたのであろうか。少年法は成長発達の過程にある未成熟な子どもに対して、大人とは違う枠組みで福祉的・教育的に指導・保護することが目的とされている。子どもは親や育つ環境を主体的には選ぶことができないし、様々な権利行使を制限される現在の社会制度のなかでは大人の助けなくして生きていくことはできない。だからこそ、罪を犯した子どもたちに特別な教育を行うための法律が設けられたのである。

元来、非行の原因は、家族との不和、親からのネグレクトや暴力などの虐待、学校内でのいじめなどの対人的な問題が第一に考えられている。経済的な困窮により、衣食住が満たされない、学校にすら通うことができない、ということもある。[※8]これらの事象は、単次元的に生じるものではなく、子どもをとりまくあらゆる問題と貧困の問題とが多次元的に重なり合って生じるものである。

社会という大きな枠組みのなかで人間は、自分という個人を認めてくれる他者の存在をなくして生きていくことはできない。子どもは自らが属する小さな社会を自発的には選びとることもまたできない。[※9]とすれば、子どもが非行を犯した責任は社会側にもある、と考えることができる。

(3) 未熟な大人と、空気を読む子ども

ところで、少年法の対象となる現在の子どもたちは、いったいどのような特徴を有しているのであろうか。近年よく指摘される特徴に、「空気を読む」という所作がある。他者も傷つけたくないし、自分も傷つきたくない。だから、他者との微妙な距離感をつかみつつ、周囲から浮かないように細心の注意を払うのだという。社会学者の土井隆義は、他者との衝突を避けるために、場の空気を読んで繊細な気配りをしあうような関係を「優しい関係」と呼ぶ。身近な人間に肯定感を求める

ため、その関係性は相互承認型になり、ある種必然的に優しい関係をつくりだすのだと。そして、その関係性を構築するためのツールとして用いられるのがケータイ（スマホ）である。ケータイによるコミュニケーションは、表面的なものでありながら生身の人間同士の純粋なコミュニケーションを思わせるため、関係性自体も純粋なものとして錯覚されやすいのだろう。[※10] 文字を媒介にしながらも、気分を伝え合うケータイは、純粋な自分の表出にふさわしく、現実の会話よりも本音に近いコミュニケーションがとられていると考えられているようである。[※11]

また、ケータイやインターネット（SNS）がインフラ化していくなかで、子どもたちの「つながり」の方法は多様化し、見えにくくなっている。とくに都市部では、いわゆる暴走族のようなわかりやすい非行少年はなりをひそめ、非行（不良）少年のステレオタイプなアイコンは消滅しつつある。[※12] Twitterの複数アカウントやLINEのグループによって自身のキャラを使い分け、空気を読みながらスムーズな人間関係を保つことに意義を感じる子どもたちは「さとり世代」と称され、オンラインでの「つながり」を重視し、脱集団化が進んでいる。[※13] オフラインでの仲間同士の結びつきは希薄化し、絆が弱いからこそ場の「空気」に逆らえずに一時的に徒党を組む。非行文化を学習する機会も減少し、非行グループが形成されにくくなり、場当たり的で幼稚な非行の増加へとつながっているのだ。仲間内の紐帯が脆弱化しており、非行がつながりあうための「ネタ」化すると同時に、仲間内での異常な気の遣いあいに神経を集中させ、被害者へのそれが希薄化している。万引きのような初発型犯罪と幼稚化した粗暴犯罪との「動機」のフラット化が進み、非行少年と普通の

少年のボーダレス化が進んでいる、とみる向きもある。[※14]

同時に、犯罪学者の浜井浩一は、近年の非行少年に対する厳罰化要求の高まりについて、少年を未成熟な存在とはみなさず、一人前の人間による犯罪だからこそ凶悪だと感じるようになり厳罰を志向するようになる、と指摘する。[※15] 子どもが子ども同士のオンラインでの人間関係に注力するなかで、オフラインでの大人を含めた様々な人とのそれはおざなりになり、先輩後輩を含めた縦関係を学ぶ機会が少なくなっているのだ。大人の側も子どもとかかわる機会が減少し、子どもたちのことがますます理解不能な存在へとなっていく。そうして、子どもがもつ、未成熟性、要保護性、教育可能性という視点は薄れ、成熟した個、要保護性の軽視、教育的アプローチの衰退（生来的な要因によってしまう）が強調されていくのである。その背景には、オンライン化するコミュニケーションとともに、新自由主義的な、個人化した人間関係が想定される。現代社会は、個人化社会とも称され、あらゆる物事が個人的な選択の対象になるとともに、その個人がひとたび自己決定を行ったとすれば、自らが引き起こした結果についての責任を問われる。[※16] 子どもという存在は人びとの相互作用のなかで社会的に構築されるものである。日常的に子どもとのかかわりが少なくなった大人たちにとっては、子どもを理解する機会がもてずに、ある意味では、大人が大人として機能しえない未熟な存在となり、大人と子どもとの線引きはふたたび曖昧になってきているのだと考えられる。

2　大都市の非行？　地方（中小）都市の非行？

(1)　広がる「世界」と、届かぬ「現実」

ケータイやインターネット（ＳＮＳ）の普及は、子どもたちのコミュニケーションのあり方を変えるばかりではなく、大都市と地方（中小）都市とのボーダレス化をもたらした。たとえ陸の孤島のような場所にいたとしても、ケータイやインターネットさえあれば、大都市の真ん中で起こっている出来事をリアルタイムで知ることができる。ネットを駆使すれば、流行のモノを手に入れることもできる。しかし、じっさいにモノを入手できたとしても有効に活用したり、その場に足を運んだり、ということは容易ではない。「最先端」の情報は入手できるが、条件の相違から「背伸び」をしきれないという一種の不全感を生むこともある。いくら流行りのモノが手に入ったところで、その他の条件が整わなければ、かれらの欲求は容易には満たされることはない。

一定の人口規模を有する地方都市であれば、大規模なショッピングモールが建設され、ある意味での「日本のスタンダード」とふれあうことが可能となり、ジモト志向が高まる。だが、これが相対的に小規模な地方（中小）都市となると、ショッピングモールではなく、よくて大規模なスーパーマーケットにしかありつけない（具体的に言うならば、イオンモールではなく、イオンである）。ネットで入手した「最先端」も披露する場や、それを認めてくれる他者の存在がなければ虚しさしか残らない。

地方（中小）都市では、「遊ぶ」ための「資源」も不足しているため、結局のところ、パチンコやカラオケ、ファミレス、コンビニといったステレオタイプな遊技場やたまり場へとたどりつく。憂さを晴らす場が少なければ同じような思いをもった子どもたちは同じような特定の場に集まり、互いに承認を得ようとする。ほかには、大きな駅の構内、親が不在の友人の家……。そこに自分の知らない友人が集まり、友人の輪が広がっていく。そうした環境のなかでは、タバコや酒、といったステレオタイプな非行も大都市部に比べると人とのかかわりのなかで継承されやすいのかもしれない。

(2) 地方（中小）都市の子どもたち

では、大都市における非行と地方（中小）都市におけるそれとには、違いがあるのだろうか。ある地方（中小）都市の児童相談所の分室にて聴き取り調査を行ったさい、同分室長は次のように語った。

「都会と田舎の非行に違いはない。違うのは『頻度』の問題。都会では頻発する問題も、田舎ではめったに起きない。だから、その問題が起こったときの初期対応に遅れが生じやすい。」

この応えもまた現実であるとは考えられるが、本当に大都市部と地方（中小）都市部とで生じる非行の「差」は「頻度」だけなのであろうか。これまで犯罪学者によって論じられてきた現代的な非行の特質が、地方（中小）都市においてもそのままあてはまるのであろうか。本書第I部の執筆者でもあり、長らく子どもたちの支援に孤軍奮闘する喜多裕二氏は、「田舎の高校生は都会の中学生」と、地方（中小）都市の子どもたちの幼さを指摘する。本章では、喜多氏がメールやＬＩＮＥでうけた子どもたちからの相談を事例に、その原文を個人が特定できないように配慮したうえで参照する。同時に、宮崎県の日向市や延岡市での地域住民への聴き取り調査の結果をもとに、宮崎県北部地域を題材にその特徴をあぶりだしつつ、地方（中小）都市の子どもたちのおかれた情況をみていきたい。

■逃げ場のない子どもたち

地方（中小）都市における特徴として第一に挙げられるのが、子どもに対する「管理」の厳しさである。みな一様に「都会より管理が厳しい」と口を揃える。子どもたちは、大学への進学実績のある進学校へ行くことを、いわゆるお勉強が得意ではない者には手に職をつけるための「資格」の取得を期待されるという。

「癒される時間は睡眠。眠りから覚めると、いつもの毎日が始まります。このまま眠りが覚めなければ良いとさえ思う憂鬱な朝がスタートです。親の前では憂鬱な顔を隠し笑顔でおはようと挨拶をし、一秒でも早く身支度をします。父親との会話は説教から始まり『良い成績とれよ。バカとは付き合うな。成績良い子と付き合え』。そう言われてもトラブルを起こしたくはないので笑顔でうなずき、学校へ向かいます。ただ、生活の為、大きな問題を起したくも無いが故の行為でした。私の生活は成績にかかっています。言い合いしてしまった日には親の気を直す為に大変です。勉強を頑張る。手伝いをする。塾で良い点を取る。習い事を上手くやりのける。そんな事で親に許してもらっていました。何が良いだとか何が悪いだとかそんなどころでも有りませんでした。成績が悪いとぶんなぐられてました。酷い時には包丁を持ち出したり、顔をふんずけられたり、壁に頭を叩きつけられます。だから、子供なりに命がけでした。」（一四歳・女子）

親からの管理は「将来への期待」の裏返しであるともいえる。子どもたちもそのことがどこかでわかっているからこそ、期待に応えたいという気持ちももっているのだろう。

「学校でも問題は起こしたくありません。極力問題を起こさない様にしたかった。気持に何か問題が生じると、成績に響きます。結果、親に叱られます。そして、生活が苦しくなります。自分で自分の首を絞めるだけです。クラスメートが嫌な態度だとしても、先生があまりに傲慢な態度だとしても、それに反応しない様にしました。怒る事も辞めました。ただ、調子に乗せてあげる事で偽りの平和を作りました。良い友達もいました。ただ、その友達と癒し合う程の時間は有りません。お互い塾に習い事に、ただただ問題を解く毎日でした。生きる喜びなど有りませんでした。将来の為、将来の為、そんな言葉で騙されている様な気がしてならかった。でも、言い合うのも流されるか叱られるか、どっちかです。中学受験も終わり入学、入学と同時に高校受験はスタートです。これが良い青春だと思います？」（一四歳・女子）

子どもにとって、学校も逃げ場にはならない。親からの「期待」という名の「管理」は学校のなかでも逃れられない呪縛となっているようである。向こう三軒両隣はおろか、小学校区、さらには中学校区の範囲で顔の見える関係のなかでの濃密な、しかし個人化が進むなかで、どこかクールな人間関係は独特の生きづらさをうむ。また、「田舎の高校生は、都会の中学生」という指摘にもあるように、地方（中小）都市の子どもたちは素直で従順で、よくいえば子どもらしい一面が強い。その分、自由に自己を表現するのが苦手だったりもする。閉塞感のあるコミュニティ特有のあり方のなかで「心の貧困」は生まれてくるのだろう。加えて、総数が少ないことも手伝って、たとえば深夜徘徊するとそれだけで目立ってしまう。さらに、地域にも「管理しない」という概念がないにもかかわらず、直接注意することはほとんどなく、噂だけが広まっていく。家庭にも、学校にも、そして地域にも行き場をなくした子どもたちの実像が地方（中小）都市には色濃く反映されるのだ。

■身体を売り物にする子どもたち

家庭にも、学校にも、地域にも居場所をなくした子どもたちは、いったいどこに行くのか。なかでも、女性の子どもたちは特徴的である。[※17]聴き取り調査のなかで驚いたのは、若い女の子がいるとその場が華やぎ中年の男性客を呼び込める、ということで酒場での飲食代が無料になる、ということであった。ここから援助交際などを含めた水商売や違法薬物等の使用へもつながっていく。

「夜の街は楽園だった。大人は酒と女と戯れてガキが何してようがおかまいなし。金になればガキを使うし、大人が、快楽を求めればガキは買われるし。大人にとっちゃ子どもはいい道具になったし、子どものうちらは金が欲しいやつは稼げばいいし、ただ遊びたいやつは酒を浴びるように飲めばいいし、何やったって自由。キマリなんてものはないし理性だって常識だってそんなもんないタブーなんてない世界かな。……昼間は仕事場で偉そうにしてる大人にかぎって酒と女でかわるんだよ。デレデレになるしね。場合によっては酒に薬入れて女眠らしてやんだよ。……未成年でも金になれば雇うしね。薬売ってるホストもいるし。」（一六歳・女子）

大人への失望は彼女たちをますます非行へと導いていく。Twitterで女の子がまた別の女の子を呼び込む。「デコログ」というSNSが援助交際のメニュー化している実態もあるという。地方（中小）都市においてもインターネットの力は当然のように猛威をふるう。そして、性に対するハードルは都市部に比して低いようである。喜多氏も「何度、産婦人科に付き添ったかわからないよ」と語る。なるほど宮崎県は全国的にみて晩婚化の影響は受けつつも、全国平均からみると婚姻年齢は若く、離婚率も高い。[※18]

「上手く言えないけど。もー当たり前と言えば当たり前だし。おかしいと言えばおかしいわね。これが当たり前みたいな場所があるっていうのもわかるべきだよね。なんか生意気にしか言えないけど。子どもは寂しさには勝てないから。」（一六歳・女子）

地方（中小）都市には、家庭、学校に居場所をなくした子どもたちが逃げ込むための「場」が少ないため、彼らが公に身をおく場がなくなってしまう。自分を受け入れてくれる場所を勝ちとるためには、自らの殻にこもったり、自分の身体を売り物にせざるをえない情況があるのだ。

■存在を否定される子どもたち

同時に地方（中小）都市では、中学に入ったあたりから、地域のなかでの「管理」の対象から外されるある一線が暗黙裡に設定されている、といわれている。「アイツは仕方ない……」。古き良きコミュニティの代表とされる『ＡＬＷＡＹＳ 三丁目の夕日』や『となりトトロ』の時代には、地域で子どもたちを育てるという風土があったとされているが、それとは質が違う。[※19] 現在では、地域で子どもたちを育てるという視点は薄れ、濃密な人間関係が生み出す閉塞感のみが残り、その「管理」は「ひやかし」のように残っているという。

「周りには信頼して話せる大人がいない……。」（一七歳・女子）

家庭、学校、地域それぞれから「管理」され、対話の機会を奪われた子どもたち。一方的な「管理」はかれらを社会からの排除へと導く。その排除は「誰からも信頼されない孤独なわたし」を生みだす。こうして「心の貧困」は何気ない日常のくり返しのなかで、おそらくは大人たちの無自覚な排除のなかから生みだされていくのだろう。子どもたちは、居場所を求めてさまよっているにすぎない。まずは、子どもたちの言い分に耳を傾け、かれらを信じるところからすべてははじまるのではないだろうか。

「反抗に非行に走り、もしくは殻に籠り。全ては悲しみの連鎖反応です。」（一六歳・女子）

「心の貧困」は、経済的に裕福な家庭の子どもでも起こりうる。寝るところ食べる場所があっても、心の居場所がない。自分を認めてくれる人、場所の存在が不可欠である。子どもたちは、なぜ非行に走ったのか。かれらのさみしさによりそってあげられる人の存在の重要性を喜多氏の活動は教えてくれる。[※20]「たいへんだったね」。子どもたちによりそってその一言をささやく。そうして居場所をつくることが、結果的に非行から脱し、また防ぐことにもつながっている。非行を防ぐための答えは、いたってシンプルなものかもしれない。

3　子どもの「居場所」、大人の責任

(1)　ある高齢犯罪者の生活史

子どもの非行の話のなかで、とつぜん対極にある「高齢者」ということばが出てきていぶかしく思われたかもしれない。しかしながら、子どもの非行と高齢者による犯罪とは、じつは密接な関係性がある場合が多い。著者が行った聴き取り調査のなかから、一つの事例を紹介したい。[※21]

Hが初めて少年院に入ったのは一九五八年。高度経済成長のなかで、少年犯罪の第二の波に向けてその数を増やしていった時期にあたる。父親の事業の失敗を機に経済的な貧困に陥ったHは、着る服にも、食べる物にも困る生活を余儀なくされる。

「家は貧乏だったしさ、着るもんなんか、つぎ当てのズボンで学校行きよった。……ほんで、家

が何も作ってくれんもんだで、ボストンバッグに新聞紙詰め込んで、膨らまして、格好は悪いわ。……皆がチョコレートとかよ、……もってってくれるんだ。それをカバン詰めて、食わんで家持って帰っとった。そういうこともあります。」

つらいながらも友人の存在もあり、学校における居場所は確保していたように見受けられた。いじめも経験したようだが、持ち前の腕力と身体能力でのりこえたようである。中学では陸上に打ち込み、学校不適応にならずに済んでいる。成果を出した陸上で、スポーツ推薦による高校入学を果たすも、最初の試合で敗北し、挫折を味わう。悔しさから練習に打ち込み、つぎの試合で成果を出し、一年生で唯一のレギュラーに選ばれるなど順風満帆にもみえる高校生活がスタートするようにもみえた。

「とにかく練習きつかったもんで。ほんでまた、家が貧乏だったもんだで、俺、バイトやらんと出れんかったんで、だから豆腐屋、新聞配達、牛乳配達。それから、犬の散歩、いろいろアルバイトやったんですよ。」

しかし、部活の厳しい練習と、アルバイトとのかけもちは、Hを追いつめていった。

「何、あんなもん銭ならへんのだわ、えらいばっかでな。あほらしなってさ、わざとたばこ吸って、見つかって、そんでも二回まで、これ（クビに）ならんかった。まあ、結局、もうその、マラソンのよ、あれなもんで、学校は名誉だもん。」

ここでHは、厳しい練習に耐えて成果を出しても、暮らしむきは一向に改善されず、厳しい練習とバイトとの両立に嫌気がさし、わざとタバコを吸うなどして部活を辞め、高校を退学することになる。

「仕事やりながらさ、悪いツレと付き合ってな。……まあ、けんかもやったけど、泥棒もやったしさ、いろんな事件だもん。それから、一五から、その二〇歳まで、少年院、一年五ヵ月と一年で、二年半ばっか少年院おりましたね、両方合わせてね。」

高校を退学になったあと、新たな居場所を見つけるが、そこで非行文化を学習することになる。そこからいわゆる社会的排除のスパイラルのなかに陥ってしまう。

「まずね、少年院入ってたやつは、一〇人のうち九人まで刑務所行く。まず、間違いなく。だから、少年院の、年少の連れが刑務所でも、ばんばん会うわね。更生なんかできへん。何でや、

図表７―①　Ｈの生活史年表

			暴行・窃盗 少年院(瀬戸) 1年5月		暴行・窃盗 少年院(愛知) 1年
9歳	11歳	15歳	16歳	17～18歳	
父親の事業失敗 引越し ＊京都→名古屋 **一軒家→六畳一間** 方言によるいじめ体験 歳上の番長と五分で闘いいじめ終焉	遠足や修学旅行に着ていく服ももっていく弁当もない	スポーツ推薦で高校入学 家計の苦しさと練習の厳しさとに嫌気がさしてバイトを転々とする		少年院で出会った仲間との交流 **伊勢湾台風で住居を失う→仮設住宅での生活**	鍛冶屋で溶接工の見習い 「やんちゃ」仲間とのつきあい

		殺人未遂 刑務所(名古屋) 7年6月
19歳	22or23歳	33歳
市営住宅に優先入居 仕事を転々とする生活	1回目の結婚 2児の父に 10年ほどの結婚生活	酔っ払って喧嘩 ビール瓶で相手の腹部を突き刺す 服役中に離婚 満期釈放

40歳	43歳	45歳	50歳
出所後も入所前の地域へ戻るお金がなく犯罪をくり返す 2回目の結婚 3年ほどの結婚生活 市場でまじめに働く	2回目の離婚のあと 脳腫瘍に しばらく母親と同居 数ヶ月間生活保護受給	日雇い仕事をしながら **ホテルやサウナに泊まる**	母親と死別 遺産が1000万円近く入るが、ギャンブル等で数ヶ月で散財

	万引き 刑務所(名古屋) 1年 仮釈放 更生保護施設 (豊田) 6月		
51歳	64歳	65歳	69歳
野宿生活 空き缶収集ほか スーパーでの万引きをくり返し、野宿者仲間に安価で販売し生計を立てる	3000～4000円のものを盗む	**野宿生活**	NPOの支援者につながり 生保申請 **無料低額宿泊所**を経て **アパートに入所**

出典：掛川直之「矯正施設等出所者の居住支援・刑事司法領域における現状と課題」居住福祉研究 21 号

帰って、なかの悪い話をするの、シャバ出たら、また一緒に何かやろかって、そういう話ばっかだよね。」

こうしてHにとっての友人は「悪いツレ」となり、彼らをとりまくコミュニティがかれの居場所になる。「悪いこと」をして捕まり、矯正施設でますます「悪いこと」を学び、地域のなかでは暗黙裡の一線を引かれる存在になる。排除された社会が居場所になるのだ。Hにそこから抜け出す手立てはなかった。もし、非行をくり返す前に別の居場所を提供できたら……。Hのしんどさによりそえる大人の存在があったら、防げた犯罪は少なくなかっただろう。

(2) 犯罪学からみた子どもの居場所

何らかの逸脱行為を行おうとしているときに、とっさのところで大切な人の顔が脳裏に浮かんだことはないだろうか。本書の読者の多くには、そのような経験があるのではないだろうか。この「大切な人」の存在への着目こそが、犯罪学で有名なコントロール理論という考え方につながる。なぜ、人は非行を行わないのか。犯罪学者のトラヴィス・ハーシーは、『非行の原因』という書物のなかでこのことについて論じてる。[※22]この考え方は、非行を抑制する要因の欠如・弱体化にその発生を見出す。すなわち、社会に対する個人の絆が弱まることによって非行が発生しやすくなるという伝統的な説明を与える。そして、①愛着（大切な他者との関係）、②投資（利益と不利益とを天秤にかけた選択）、③巻き込み（非行以外の活動による時間の喪失）、④信念（規範意識）の四要素が社会的絆（social bond）を形成するとして、これらが弱まったり、なくなったときに非行が起こりやすくなる、という。

さらにハーシーはこの理論を展開して、セルフコントロール理論を提唱する。セルフコントロールは、社会から受ける直接的なコントロールを獲得し、自己監視できる個人の能力を指すといわれており、社会的絆を個人の社会化の程度とみなしている。学校や職場が社会とのつながりを示す代表格とされ、学校からの離脱、雇用の喪失は非行化を阻止する社会との絆の喪失につながる。現実にも、少年院に入院するような少年たちは、家庭内での複雑な問題をかかえ、学校とのつながりも切れているケースが多い[※23]。

近年、これまで少年たちが成育の過程で社会的に形成されるものであると考えられていた非行の原因が、特定の少年たちの生まれもった資質の問題へ変遷している。かつての非行は、恵まれない特定の社会階層や地域に偏在していたため、非行原因を少年自身にではなく、劣悪な社会環境の側に求めることに「社会」の承認を得やすかった。しかし、現在は、わかりやすい非行少年は減少し、表面上はごく普通に見える少年による突発的な非行が増加し、非行の原因を社会環境に求めることが困難になっている。現在、貧困問題は、経済的な貧困だけではなく、他の側面も考慮に入れて議論されるべきであるということは先述したとおりであるが、非行もまたこうした「新しい貧困」問題の一局面として位置づけていくことが必要なのではないだろうか。

(3) 子どもにとっての「居場所」とは？

これまで、地方（中小）都市における子どもたちの逃げ場のなさ、あるいは居場所のなさ、ということについて述べてきた。それでは、この「居場所」とはいったい何なのか。社会学者の中西新太郎は、「安心してそこにいられる社会」である、と暫定的に定義する。そして、「共にそこにいることができる」ということが居場所の機能である、という。さらに「居場所づくり」とは、「いま失われつつある、人と人とがきちんと人間として出会い、おたがいにそこで一緒にいられる社会をつくっていくための、ひじょうに大切な仕事の一環」である、という。[※24] この考え方に立つと、子どもたちがコミュニケーション能力という高度な技術を駆使して、「優しい関係」をつくりだし死守してきた空間は、果たして「居場所」といえるのか、という問題が生じる。膝を突き合わせて、様々な摩擦や衝突をくり返してお互いに知り合い承認していく。その過程こそが子どもを大人にしていくのではないだろうか。

しかしながら、成長発達の過程にある子どもたちにとっては、このことが存外にむずかしい。大人のほうから子どもに歩みより、かれらの声に一度は無条件に耳を傾け、その秘められた思いを汲みとり、ともに考えていくことが不可欠である。そして、そのことこそが居場所づくりの第一歩となるのだ。それは子どもという存在をつくりあげた大人の責任でもある。このように考えると、子どもの貧困対策は、経済的、物質的支援だけではなく、本書でもくり返し紹介されているように、学習支援の場や子ども食堂など、様々な取り組みを通して提供されなければならない。学習支援の場には行けなくても、子ども食堂には行ける。逆に、子ども食堂には行けなくても、学習支援の場には行ける。一つの場を提供すればそれで解決する、という問題ではない、ということに留意が必要であろう。何層にも重なったセーフティーネットを張りめぐらせてすくいあげる必要がある。それは一人のカリスマ的な支援者に依存するのでは持続可能性が期待できない。複数の様々な担い手が地域においてそれを支えるような寛容な都市空間を構築していかなければならない。そうした一つひとつの取り組みの積み重ねのなかで、どこかにその子どもにとっての居場所はできていくのであろう。貧困そのものに対する支援は、子どもにとって重要な、「子どもが子どもらしくいられる社会的な居場所」をつくっていくことからはじまる。

また、子どもの貧困は、その子どもの属する世帯の貧困、多くは女性の貧困の問題である、といわれる。とくに、母子家庭の増加と貧困とには強い関係にある、と指摘されている。[※25]ひとり親世帯（とくに母子世帯）への支援を強化し、地域とのつながりをいかに構築していくのか。必要なのは、経済的に安定した生活をおくらせることを前提として、たんに「勉強」を教えるだけではない、食事を提供するだけではない、子どもが子どもらしくいられる社会での安定した「居場所」の提供であるということが、本章が導きだしたひとつの答えである。[※26]

むすびにかえて

元不良少年として知られるタレントのヒロミは、「不良の社会は縦社会で、理不尽な先輩の要望にも応えないといけない。でも、そういうのは社会に出たら山ほどあるから、社会に出て役立った部分がすごくある。不良はいいかげんに生きてると思われるかもしれないけど、結構ルールが厳しいんです」（毎日新聞二〇一六年三月一四日朝刊）という。不良社会の縦関係が、社会のなかで生きていくためにも重要な機能を果たしていた経験を強調する。現代社会を生き抜くうえで、人間関係の機微を学ぶことは不可欠だ。「大いにグレろ！」とまではいえないが、子どもらしく自我をむき出しにして表現できる社会の包容力が求められる。

そもそも犯罪学の「常識」では、二〇代前半までに活動的な犯罪者の数は半減し、二八歳までには八五％が犯罪から身を引くということは、世界的にみた傾向であるといわれている。また、犯罪学者の岡邊健によれば、検挙経験のある者のうち四人に三人が「一回限り」、多くても二～三回検挙されたのちに大多数の非行少年は非行から離脱する、という。[※27] 一般に非行は、発達成長過程の不器用な子どもたちが大人になるための、少しスパイスの効いた香辛料のようなものなのかもしれない。

子どもの非行は他者との関係性の不和が引き金になって生じることが多い、ということはすでに述べた。そうであるとすれば、自分とは違う他者と触れ合う機会がなければ、その耐性は生まれない。異質な他者と向き合う、ないしは自分がその立場に立ったときの対応がわからなくなる。自分と違う異質な他者とまじわる機会を意識的にもつ必要があろう。その一つが、フリースペースであり、学習支援であり、子ども食堂となる。むろん、このような「機会」への参加そのものを拒否する、あるいは躊躇してしまう子どもの存在も忘れてはならない。そういう子どもたちをいかに発見し、語りかけ、話に耳を傾け、信頼関係をつくっていくのかということは、子どもの貧困を解消し、非行を防ぐための大きな課題となる。

注

※1　浜井浩一『実証的刑事政策論：真に有効な犯罪対策へ』（岩波書店、二〇一一年）。

※2　土井隆義『人間失格？：「罪」を犯した少年と社会をつなぐ』（日本図書センター、二〇一〇年）。

※3　「関係性の貧困」や「心の貧困」については、本書第6章で詳説されているので参照されたい。本章では、本書のキーワードとして論じられている「心の貧困」という表現を主として用いることにしたい。

※4　津島昌寛「貧困と犯罪に関する考察：両者の間に因果関係はあるのか？」犯罪社会学研究三五号（二〇一〇年）。

※5　フィリップ・アリエス〔杉山光信・杉山恵美子訳〕『〈子供〉の誕生：アンシァン・レジーム期の子供と家族生活』（みすず書房、一九八〇年〔原著は一九六〇年〕）。

※6　なお、「あなたは、『成年年齢の引下げの議論』に関心がありますか」という問いに対して、「関心がある」とする者の割合は七割弱であったが、「関心がある」とする者の割合は大都市部で、「関心がない」とする者の割合は地方都市部でそれぞれ高くなっている、という結果は、本書の主たる関心からみても興味深い結果といえよう。

※7　二〇一五年の公職選挙法の改正で「一八歳選挙権」が可能となった。

※8　ここで「非行」という概念について確認しておきたい。少年法の規定によれば、非行は三つに類型化されている。具体的には、①一四歳以上で刑罰法令に触れる行為を行うこと、②一四歳未満で刑罰法令に触れる行為を行うこと、③刑罰法令に触れる行為まではおこなっていないものの、このままでは将来、非行や犯罪行為を行ってしまうおそれのあること、とされる。この前提には、二〇歳以上の大人が刑罰法令に触れる行為を行った場合、その責任を負うべき人に対しては刑法によって刑罰が科される、という大前提がある。

なお、飲酒や喫煙、喧嘩などぐり返す子どもを「非行少年」ととらえられることがあるが、こうした逸脱行為は、警察による「補導」の対象となる「不良行為少年」とは区別して論じられている。

すなわち、「非行」ということばは、「このまま成長すると犯罪者になるおそれがある」という反社会的行為一般を含む幅広い概念である、といえる。

※9　子どもが最初に出会う社会集団は、家族である。その後、成長発達の過程のなかで、学校、企業へと、その社会を徐々に広げていくことが多い。非行は、社会との関係性のなかで構築されるものである、という前提に立てば、家族との不和、学校への不適応といったところからその芽を出しはじめる、ということは当然のなりゆきともいえる。ことばのボキャブラリーが乏しく、自らの感情をうまく伝えられない子どもたちの憤懣やるかたない情動と、それを汲みとれない（あるいは、汲みとろうとしない）大人たちとの狭間で、非行という訴えが、家族、学校、そして社会へと広がっていくのだ。

※10　たとえば、もう何年も顔を合わせていないような友人でも、一度しか会ったことのない知人でも、Twitter

やFacebookでの投稿等を日常的に目にしていれば、その友人・知人の動向をリアルタイムに感じることができたような気分になる、という感覚に近いものがあるのだろう。

※11 土井隆義『友だち地獄：「空気を読む」世代のサバイバル』（筑摩書房、二〇〇八年）。

※12 社会学者の阿部真大は、かつての暴走族は、最終的に地域社会に戻って、仕事をもって、家庭をつくる、という明確なライフプランがあるからこそ暴走族という逸脱行為に青春を捧げることができたが、現在はその「安心感」をもてない社会である、と指摘する。「逸脱集団は地域社会から完全に逸脱するわけではなく（学校からは逸脱するが）、地域社会とは付かず離れずの微妙な関係を保ちつつ、最終的には地域社会に戻って」いた。「学校のなかでは肯定感や承認感を得ることのできない若者にとって、暴走族や祭りは、彼らが二〇歳を過ぎたときに地域社会へと戻っていくまでの居場所」であり、かれらを受け入れるだけの「懐の深い社会」がかつての日本にはあった、という（阿部真大『居場所の社会学：生きづらさを超えて』〔日本経済新聞社、二〇一一年〕）。現在は、ヤンキーにもなれない時代、ということができるのかもしれない。

※13 原田曜平『さとり世代：盗んだバイクで走り出さない若者たち』（角川書店、二〇一三年）。

※14 土井・前掲※11。

※15 浜井・前掲※1。

※16 ジグムント・バウマン〔澤井敦・菅野博史・鈴木智之訳〕『個人化社会』（青弓社、二〇〇八年〔原著は二〇〇一年〕）。

※17 社会学者の羽渕一代は、現代の若者の幸福感についてのジェンダー格差に着目し、男性については人間関係からの撤退傾向を、女性については恋人の有無によってそれを規定するという傾向を指摘している（羽渕一代「二一世紀初頭の若者の意識」藤村正之・浅野智彦・羽渕一代編『現代若者の幸福：不安感社会を生きる』恒星社厚生閣）。この傾向は、男性は「ひきこもり」へ、女性は「水商売」へとつながりやすい、という支援の現場の肌感覚とも適合している。

※18　この点については、本書第3章で紹介されているので参照されたい。

※19　しかし、じつはこの昭和三〇年代こそが凶悪犯の渦巻く治安の悪い時代であったことはあまり知られていない事実である。

※20　喜多氏の活動の詳細については、本書第I部を参照されたい。

※21　掛川直之「矯正施設等出所者の居住支援：刑事司法領域における現状と課題」居住福祉研究二一号では、Hの事例を本章とは別の角度から考察している。

※22　トラヴィス・ハーシー［森田洋司・清水新二監訳］『非行の原因：家庭・学校・社会のつながりを求めて』（文化書房博文社、一九九五年〔原著は一九六九年〕）。なお、コントロール理論の秀逸な解説としては、上田光明「犯罪・非行をしないのはなぜか？　コントロール理論」岡邊健編『犯罪・非行の社会学　常識をとらえなおす視座』（有斐閣、二〇一四年）がある。

※23　社会政策学者の岩田美香が行った調査によると、少年院における新規収容者数出身家庭の生活程度で貧困層の割合は二八・八％、一般的に算出されている子どもの貧困率の約二倍にあたる、という。また、犯罪の程度が重くなるほどに家庭の貧困割合が増加し、「家庭内では、家族そろってあるいは家族のだれかとの夕食をとることは少なく、家庭内での会話も、一般群の七七・〇％の少年が学校や友人のことについて家族と話をしているのに対して、少年院生は五七・七％であり、『もっと話をしたい』と思っている割合も六六・四％（一般群は九・一％）と高い。また、家族旅行などの経験も、一般群が七割であるのに比べて三割台と低く、反対に家庭内での暴力を経験している」と指摘している（岩田美香「『非行少年』たちの家族関係と社会的排除」大原社会問題研究所雑誌六五七号〔二〇一三年〕）。

※24　中西新太郎「居場所という〈社会〉を考える」青砥恭・さいたまユースサポートネット編『若者の貧困・居場所・セカンドチャンス』（太郎次郎社エディタス、二〇一五年）。

※25　浜井・前掲※1。

※26　能力があっても貧困状態にあると、勉強ができないから学校にも行きたくない、という悪循環を生むことにもなってしまう。

※27　岡邊健『現代日本の非行少年：その発生態様と関連要因に関する実証的研究』（現代人文社、二〇一四年）。

第8章

子どもの貧困対策を見直す

畠中　亨
（帝京平成大学地域医療学部）

二〇一三年の子どもの貧困対策法成立を一つの契機として、子どもの貧困対策に向けた、行政・民間団体の多くの取り組みが始まっている。本書でも第Ⅰ部、第Ⅱ部では九州内における民間団体の取り組み事例を紹介してきた。本書の最後となるこの章では、現在展開されている子どもの貧困対策の構造的な問題点についてふれたい。ここで述べることは、現在、全国各地で様々な団体が取り組んでいる学習支援など、貧困家庭の子どもに向けた支援活動の盛り上がりに、水を差しているように感じられるかもしれない。しかし、効果的な支援を広げていくためには、いま取り組まれていることの意味や限界を、冷静に見つめ直してみることも必要だ。

たとえば、先の章でも取り上げた困難を抱えた世帯の子どもに対する学習支援について、「いくら勉強を教えても、結局、良い高校、良い大学の入学試験に合格できなければ、意味がないじゃないか」と考える人がいるかもしれない。この考え方は、ある意味で正しい。将来、安定して高い収入が得られる仕事に就くためには、誰もが羨む有名高校・大学へと進学するのが最も近道だ。しかし、あらゆる学校には定員が設けられている。学習支援を受けた子どもの全員が、そうした学校に入学できるわけではない。それればかりか、有名校への合格指南に長けた家庭教師や予備校を利用する裕福な家庭の子どもも、当然そうした高校・大学をめざしている。困難を抱えた環境にある子どもたちにとって、そうした競争を勝ち抜くことは生易しいことではない。

それでは、そんな無駄な努力は早々に諦めてしまうべきだろうか。そうとは言い切れない。文句なしの有名な高校・大学への進学でなくとも、きちんと努力をして社会に出たときに役立つ知識を身に着けることができれば、将来の展望がより広くなることは間違いない。何より、高い収入を得ること、そのために学歴を得ること、そうした目標は、人それぞれ、様々な人生の目標の一つでしかない。支援の対象となる子どもたちがどんな目標をめざすかを、支援する側が勝手に絞り込んでしまえば、それは子どもたちの可能性を奪うことになってしまう。学習支援の目的は、もっと広くとらえる必要がある。

子どもたちが多くの可能性を持っているように、支援に取り組む活動にも、子どもに学力をつけさせること以上の、可能性が秘められているはずだ。それはどのような可能性か。それをこの章で考えてみよう。

1　子どもの貧困対策の現状

(1)　子どもの貧困対策法が取り組むもの

ここ最近、「○○県で子どもの貧困問題解消に向けた取り組みが始まった」といった新聞記事や、ニュースを目にすることも多くなっている。本書を手に取った方なら、ご存知の方も多いだろう。こうした都道府県の取り組みは、二〇一三年六月に成立した子どもの貧困対策法を受けてものである。この法律は、国と地方自治体（都道府県）に、子どもの貧困対策推進に向けた計画づくりを義務づけている。

一般財団法人「あすのば」と日本大学が共同で行った調査によると、二〇一五年一二月の時点で、二二府県で計画が策定済みとなっている。ただし、そのうち一六府県は子ども・子育て総合計画の一部に組み込んだ計画となっている。東京都は、子育て計画やひとり親計画などそれぞれの計画のなかに、子どもの貧困対策に関する内容も含めているため、計画の策定予定なしとしている。残る二四道県も二〇一六年度末までには、計画を策定・公表予定だ。計画が具体化するのは、多くの地域ではこれからだろう。

一部の基礎自治体では、独自の支援を開始しているところもある。筆者が聞き取り調査をした宮崎県日向市では、生活困窮者自立支援制度の一環として、市の社会福祉協議会（社協）に委託し、困窮世帯の子どもへの学習支援を開始した。しかし、学習支援を受けているのは聞き取り時点で四人にとどまっており、全員生活保護受給世帯の子どもだという。

生活困窮者自立支援制度は、生活保護受給者だけを対象としたものではなく、生活保護よりも幅広く生活に困窮している人を支援し、貧困に陥るのを防止する制度だ。福祉事務所や委託先（社会福祉協議会が多い）に相談窓口を設け、相談に来た人それぞれに自立に向けたプランを作成したうえで、就労支援や家計再建支援、子どもの支援など様々な支援を行う。

日向市の担当者によると、学習支援のチラシを見て相談に来たケースは十数件あったが、多くは自立支援プランを作成する必要があると聞いて、辞退してしまったそうだ。相談に来た親からすれば、無料で子どもに勉強を教えてもらえるのかと軽い気持ちで来たつもりが、自身が「生活困窮者」として扱われ、「自立のためのプランを作りましょう」となるのだから、驚いて立ち去ってしまうのも無理はない。

生活困窮者自立支援制度は、生活に困っている人を広く対象とした制度だが、現状では、ひきこもりや、障がいを抱えて就職困難となっている人など、困窮度合いが強い人が主な対象となっている。それは、これまでの生活保護制度において、十分な自立支援が行われてこなかったためである。しかし、地方公共団体が行う子どもの貧困対策は、この生活困窮者自立支援制度のなかの学習支援事業が中心となっている。子どもの貧困対策の計画上は、様々な支援が掲げられていても、多くは既存の制度を「積極的に活用する」としているだけで、目新しい提案は少ない。子どもの貧困対策法には地方公共団体への助成金に関する規定がない一方で、生活困窮者自立支援制度の枠組みに沿って学習支援を行うと、国から事業費の二分の一が助成されるという財政上の理由があるためだ。

(2) 貧困対策がぶつかる壁

二〇一五年四月から運用開始された、この生活困窮者自立支援制度は、当初の計画どおりには進んでいない。二〇一六年一月現在、厚生労働省の集計によると、新規相談件数は国の目安値の八割程度、プラン作成件数は三割程度にとどまっている。[※1]子どもの学習支援事業に限った実施件数は公開されていないが、そちらもまだ十分に機能しているとは考えにくい。

図表8―①は、生活困窮者自立支援制度が開始された二〇一五年四月から一二月までの実施状況を、都市の規模別に集計したものだ。人口一〇万人当たりの新規相談件数、プラン作成件数ともに東京都と指定都市、中核市など大都市圏以外で、とくに制度の活用が遅れていることがわかる。

図表8―①　生活困窮者自立支援制度　人口10万人当たりの新規相談受付件数とプラン作成件数（2015年4～12月）

	新規相談受付件数	プラン作成件数
東京都＋指定都市	149.3	50.3
中核市	116.6	25.9
上記以外の地域	129.5	22.5

出典：厚生労働省「生活困窮者自立支援制度における支援状況」より著者作成

日向市の話に戻ると、一般の人にとって社協や市の福祉事務所は敬遠されてしまいがちであること、子どもに勉強を教えるボランティアの確保が難しいことなども課題となっている。社協や福祉事務所は「福祉を受ける場所」であり、「本当に困った人が最後に行くところ」という認識が強く、足を運ぶのに抵抗を感じる人が多いのではないかという。

先の章で取り上げたように、民間団体のなかには行政的なルールに縛られず柔軟な発想で、支援を必要とする子どもに積極的に働きかける、「アウトリーチ」を行っている団体もある。行政と支援を必要とする子どもたちの間に、隔たりが生まれてしまっている今のような状況では、こうした民間団体の活躍が欠かせない。だが、こうした団体の活動は、まだ一部地域に限られるのが現状だ。

学習支援で勉強を教えるのは、予算確保が難しい状況にあるため、どの地域においてもボランティアに頼っている状況にある。ボランティアを担うのは、先行事例では大学生が大きな割合となっている。しかし、日向市のように大学が一校もない地域では、大学生ボランティアの確保が難しいのである。

(3) 社会資源の地域格差

子どもの貧困対策を具体的に進めるには、それを支える民間組織や、そこで活躍するボランティアなどの「社会資源」が必要である。その社会資源は、都市部に偏ってしまっているのが現状である。人々の生活上の行動や、時間帯について調査をした総務省「社会生活基本調査」（二〇一一年）から、ボランティア活動の状況について見てみよう。

都市の規模別に見た、人口に占めるボランティア活動をする人の割合（行動者率）は、人口一〇〇万人以上の大都市で二三・五％、人口五万人未満の小都市Bで三〇・三％、町村で三一・三％と、大都市部より地方の方がボランティア活動へ参加する人が多いことがわかる。「子供を対象とした活動」に限ると、大都市七・六％、小都市B八・三％、町村八・七％と、その差は小さくなるものの、まだ地方のほうが若干多い。しかし、「子供を対象とした活動」に参加する人の年間平均行動日数は、大都市二三・五日、小都市B一七・四日、町村一九・〇日と逆転する。つまり、地方では比較的多くの人がボランティアに参加するが、一人ひとりの活動は都市部ほど活発ではない。都市部では、ボランティアに参加する人は限られるが、参加する人の活動は活発である。行動者率と、行動者の平均行動日数をかけて、人口あたりの平均行動日数を求めたのが図表8―②だ。人口が多い大都市、中都市のほうが行動日数が多く、地方、とくに人口は少ないが町村ほどではない小都市Bで行動日数が少ないことがわかる。

ボランティア組織にも、地域によって質的な違いがある。先にも紹介した社協は、戦前から民間ボランティア活動の活性化を図るために、行政が関与しつつ、それ自体が民間の団体として活動する団体だ。全国のすべての市町村ごとに組織され、市民のボランティア活動や、社会福祉制度利用を支援するための様々な活動を行っている。社協は行政と連携した業務が多く、行政機関の職員が役員となっていることも多い。そのため、一般の市民から見て、行政機関の一部のように見えてしまいがちだ。先に述べた「市民と行政の隔たり」を埋める役目は、NPOなど社協以外の民間組織の方が望ましい。

図表8—③は、二〇一四年度末の時点の社協と、法人として認証されたNPOのうち、「子どもの健全育成を図る活動」を活動内容としている法人を、都市の規模別に比較している。両者を足した合計に占めるNPO法人の割合は、全国平均で九二・〇%である。大都市である全国の指定都市と東京都の合計に限ると九七・六%、それ以外の地域では八八・九%となる。NPO法人の認証をしているのは、都道府県か指定都市のみなので、中核市など地方の中規模以上の都市を分けてみることはできないが、やはり大都市部への偏りがみられる。

NPOなど民間組織による活動が乏しい地方都市では、行政から委嘱された民間の奉仕者活動者である民生委員の活躍に期待される。図表8—④は、人口千人当たりの民生委員による相談件数を、都市の規模別に比較している。全人口に対する全相談件数、一四歳以下人口に対する子どもに関する相談件数ともに、東京都・指定都市・中核市以外の地域は、東京都と指定都市を合わせた地域の約二倍にのぼる。このように地方都市や町村部では、民生委員が相談援助において大きな役割を担っている。学習支援などその先の支援に結び付けるために、他機関との連携が今後のカギとなるだろう。

図表８―② 人口規模別ボランティア活動の状況（2011年）

	行動者率（%）		平均行動日数（日／年）	
	全てのボランティア活動	子供を対象とした活動	行動者のみ	全体
大都市（人口100万人以上）	23.5	7.6	23.5	1.8
中都市（人口15万人以上100万人未満）	25.3	8.3	22.2	1.8
小都市A（人口5万人以上15万人未満）	27.4	8.2	19.8	1.6
小都市B（人口5万人未満）	30.3	8.3	17.4	1.4
町　村	31.3	8.7	19.0	1.7

出典：総務省「社会生活基本調査」

図表８―③ 社会福祉協議会とNPO法人の比率（2014年）

	社会福祉協議会数	NPO法人数	合計	NPO比率
全　　国	1,901	21,832	23,733	92.0%
指定都市＋東京都	200	8,194	8,394	97.6%
指定都市＋東京都以外の地域	1,701	13,638	15,339	88.9%

出典：厚生労働省「福祉行政報告例」、内閣府NPOホームページ

図表８―④ 民生委員による相談件数の人口千人比（2014年）

	相談総数／総人口	子どもに関する相談件数／14歳以下人口
全　　国	50.4	79.3
指定都市＋東京都	33.2	55.1
中核都市	57.2	83.9
上記以外の地域	58.4	71.4

出典：厚生労働省「福祉行政報告例」

2　子どもの貧困対策に至るまで

このように日本政府が主導する子どもの貧困対策は、現時点ではあまり上手くいっているとは言えない。そもそもなぜ、子どもの貧困対策が生活困窮者自立支援制度を活用する政策になったのか。また、なぜ子どもの貧困対策法や生活困窮者自立支援制度ができたのか。その点を振り返って確認してみよう。

⑴　貧困問題への関心の高まり

子どもの貧困対策法や生活困窮者自立支援制度は、日本国内での貧困問題への関心が高まったことに応える形で成立した。日本で貧困問題に関心が寄せられるようになった時期をさかのぼれば、古くは戦前に行き着く。だが、敗戦後の混乱を乗り越え、高度成長期を経て日本が豊かになるにつれ、貧困問題は人々の意識から遠ざかっていった。一九七九年の内閣府『国民生活白書』では「七〇年代に国民の中流意識が定着」したと述べられ、いわゆる「一億総中流」意識が一般化していた。

こうした意識が壊れ始めるのは、バブル崩壊からしばらく経ってのことである。京都大学教授であった橘木俊詔氏は一九九八年に出版された『日本の経済格差――所得と資産から考える――』

(岩波書店) のなかで、日本で所得格差が拡大していることを統計データにもとづいて指摘し、一億総中流社会の終焉を唱えた。そのころ、長引く不況のなかで、リストラや新卒採用の減少から、失業者や非正規雇用労働者が増大していた。増加し続けていた「フリーター」に対しても、「現実を直視せず夢を追いかける若者」から「就職氷河期の犠牲者」へと、世間の見方もしだいに変化しつつあった。

このフリーターがなぜ増加するのか、どういった人がフリーターになるのかといった研究は、経済学、教育学、社会学の分野で盛んに取り組まれた。そうした研究のなかから、安定的雇用への就職と学歴との相関が指摘された。また、その学歴は親の学歴や、職業、社会的な地位と相関があることを明らかにした、教育学の研究も注目され始めた。格差は世代を超えて継承される。多くの人たちが朧げに感じとりつつも表立って認めにくかった現象が、次第に隠しようのない事実として、姿を見せ始めていた。

この格差問題が貧困問題へと読み替えられてゆくのは、二〇〇五年から〇六年ごろである。フリーターをはじめ、労働条件の悪い雇用に就き働く若者たちが、「ワーキングプア」(働く貧困層)と呼ばれはじめた。とくに二〇〇六年七月にNHKが放映した番組「ワーキングプア――働いても働いても豊かになれない」は、懸命に働いても報われない若者たちの悲惨さを鮮明に描き出し、社会に衝撃を与えた。それまで、格差のなかで恵まれない地位にあることは、勉強や仕事で努力をしない結果であり、「自己責任」とみなされる向きが強かった。しかし、まじめに働いていても報われないのであれば、それは自己責任とは言えなくなる。なにより、まじめに働いても幸福が得られないのであれば、まじめに働く意味がない。そして、そうした意識を持つ人が増えてゆけば、社会全体の活力が失われてゆく。

のちに「ブラック企業問題」として批判されるようになる企業の労働環境の悪化は、すでにこのころには多くの人々が実感し始めていた。ワーキングプアの特集は「一部の人の不幸」などではなく、日本全体の社会問題として強い反響と共感を呼んだ。そうした反響に応えるように、テレビをはじめとするメディアが貧困の「悲惨さ」を盛んに取り上げていった。さらに、二〇〇八年のリーマンショックにより発生した大量の「派遣切り」と、これにより路上生活を余儀なくされる人たちを支援した「年越し派遣村」の活動が、社会問題意識に拍車をかけた。

さて、ここまでを辿ってみてわかるように、日本で二〇〇〇年代に世間の注目を集めたのは大人の貧困、とくにワーキングプアと呼ばれる働く若者の格差や貧困だった。貧困問題に関する研究が白熱するなか、研究者の間では子どもを対象とした研究への関心も高まりつつあった。だが、まだ世間一般に浸透しているとはいえなかった。

大きな転機を迎えるのは、二〇〇九年八月の衆議院総選挙による政権交代のときだ。このとき新たに政権を取った民主党は、従来の児童手当を置き換えて大幅に拡充する「子ども手当」の実現を、マニフェストの一つに掲げていた。さらに二〇〇九年一〇月には、厚生労働省がＯＥＣＤ基準で推計した相対的貧困率を、公に初めて発表した。このとき同時に子どもの貧困率も公表され、その値が一四・二%とOECD諸国平均の一二・一%を上回っていたことなどから、世間一般にも「子どもの貧困」が意識され始めるようになった。

そして、二〇〇九年一二月にあしなが育英会などが主催する「第二一回遺児と母親の全国大会」において、「子どもの貧困対策基本法の制定について」とする緊急要望が掲げられた。二〇一〇年以降は、高等学校授業料無償化や子ども手当をめぐる政治論争のなかで、世間一般にも子どもの貧困に対する問題認識が広まっていった。

(2) 子どもの貧困対策法

二〇一三年六月には、ついに子どもの貧困対策法が実現に至る。しかしこの法律は、それを提起した社会運動諸団体が求めていたものと、必ずしも一致したものになっていない。先の「第二一回遺児と母親の全国大会」で提案された子どもの貧困対策基本法の内容は、①ひとり親世帯の貧困率低下に向けた行動計画の策定、②子どもの貧困に関する年次報告の公表、③子どもや家庭を支援する「子ども家庭省」の設立だった。

子どもの貧困対策法でも相対的貧困率など、子どもの貧困に関する指標の公開を定めているが、その数値目標は決められていない。相対的貧困率は世帯所得から計算される指標であるので、これを低下させるということは低所得世帯を減らすということである。具体的な方法は、児童手当のような所得保障制度で現金を支給するか、低所得世帯の人々に仕事をあっせんし働くことによる収入を増やすか、ほぼこの二通りに限られる。子どもの貧困対策法では、重点施策の一つとして「経済的支援」が挙げられている。しかし、二〇一四年八月に公表された「子どもの貧困対策大綱」でも、児童扶養手当と公的年金の併給調整など既存制度の細かな改善にとどまっている。

子どもの貧困対策法の重点施策には、「就労の支援」も掲げられている。この点はのちに述べる生活困窮者自立支援制度との組み合わせで、かなり強く推進されている。ただし、ここで忘れてならないのは、日本のひとり親世帯の就業率は非常に高いことだ。ひとり親は働いていないから貧しいのではなく、働いても高い収入が得られないから貧しいのである。目標とすべきは、仕事に就かせることではなく、仕事で十分な収入が得られるようにすることである。日本のひとり親世帯はほとんどが母子世帯だが、母親の収入は少ない。母子家庭の母親には、学歴が低い人が比較的多いなどといった理由もある。だが、何よりも賃金の安いパートタイムで働いている人が非常に多いことが、母子世帯の収入が少ない最大の理由である。子どもの貧困対策として現在取り組まれているのは、資格の取得やハローワークによる職業紹介の強化が中心となっている。こうした支援により賃金の高い安定した雇用に就くことができるならば、貧困率を削減する効果は期待できるだろう。しかし、日本全体で非正規雇用が増加するなかで、それは簡単なことではない。

そのほか、貧困世帯の子どもに対する学習支援など、子どもの貧困対策法で取り組まれているのは、親や子どもに対する直接的な対人援助が中心となっている。貧困世帯全体の収入を大きく底上げするような制度は、ほとんど取り組まれていない。こうした方法では、もし子どもの貧困率の削減が目標として掲げられていたとしても、達成は困難だろう。

二〇一五年八月の子どもの貧困対策会議で示された「ひとり親家庭・多子世帯等自立応援プロジェクト」では、児童扶養手当の第二子、第三子がいる場合の加算を現状の二倍に増額する改正が提案されている。二倍と聞くと大幅な拡充のように聞こえるが、子どもが二人の場合で月五〇〇〇円、子どもが三人の場合で月八〇〇〇円の増額である。また、児童扶養手当は親の収入が多いと減額される仕組みとなっているのに対して、第二子以降に対する加算部分は収入によらず定額制だった。今回の改正案では、加算部分も収入により減額するとしているので、最終的にどの程度の拡充となるのかは、法案が具体化するまではわからない。いずれにしても、これだけで子どもの貧困率の大幅な削減を期待するのは難しい。

(3) 生活困窮者自立支援制度と生活保護の見直し

生活困窮者自立支援制度も、子どもの貧困対策法と同じ二〇一三年に法制化された。この制度は、二〇〇五年から実施されていた、生活保護受給者への自立支援プログラムの流れを汲んでいる。急増する生活保護受給者にどう対処するのかが、政治・行政の大きな課題となっている。厚生労働省の社会保障審議会福祉部会「生活保護制度の在り方に関する専門委員会」は、二〇〇四年一二月に公表した報告書のなかで「利用しやすく自立しやすい制度へ」と述べた。これは、生活保護受給の審査が厳しく制限されている現状を見直し、むしろ積極的に生活上の困難を抱えた人を保護し、そのうえで、自立に向けた支援を実施しようという提案だった。その後、生活保護受給者の就職や生活の改善を支援する、「生活保護自立支援プログラム」が開始された。一方で、生活保護が「利用しやすい」制度になったとはいいがたい。むしろ北九州市では、二〇〇六年から〇七年にかけて立て続けに、生活保護の申請を断られた人や、辞退を強要された人が餓死する事件が起きて、報道でも大きく取り上げられた。自立支援プログラムは、生活保護受給者のみを対象とした制度なので、生活保護が「利用しやすい」制度にならなければ、ただの「追い出し」となってしまいかねない。

自立支援プログラムは、各地域の福祉事務所を設置している自治体が、独自にプログラムを策定する方式をとっていた。幅広い支援を展開した釧路市や、子どもへの学習支援に力を入れた埼玉県など、「追い出し」ではなく、広い意味での「自立」支援に取り組んだ自治体もある。しかし、全体としては保護受給者の就職による自立、つまり保護からの「経済的自立」をめざした支援プログラムが多く、そして、その成果は低調なまま推移していた。

二〇一三年に生活保護法が大幅に改正された。この改正で、親族による扶養義務を強化することや、申請手続きの厳格化がされ、「利用しやすい」制度からさらに遠退くこととなった。同時に、自立支援プログラムは生活困窮者自立支援制度となり、生活保護受給者に限定されているという批判を受けて、幅広く生活困窮者を対象とする制度となった。ただし、相談に来た人が、本当は生活保護を受給するべき状態であったときに、適切に生活保護へとつなげられるかは不透明だ。就職などによる自立を勧めることで、生活保護受給を抑止する仕組みとなってしまわないか危惧される。

(4) 隠れてしまう子どもの貧困

このように振り返ってみると、市民や研究者の中で貧困問題に対する関心が高まる一方で、政府もそれへの対応策を進めてきた。しかし、その対応策のなかには、格差や貧困が拡大し、生活保護やそのほかの福祉制度を必要とする人が増えているが、支出を抑えるため、できるだけ受給者を少なく抑えたいという思惑が見え隠れしている。貧困状態にある人が自立へと向かうために支援する「貧困対策」か、生活保護などの福祉制度利用を抑制する「貧困対策」か、矛盾した目的が混在し、先行き不透明なのが現在の状況だ。生活困窮者自立支援制度も、子どもの貧困対策法も、「法律ができたから、これで安心」とは言えないのである。

また、貧困問題に世間の関心が高まり、生活保護受給者の増加がメディアで報じられ、そのなかには生活保護受給者へのバッシングも多く含まれていた。明らかな不正受給者を取り上げたものもあったが、受給者がパチンコに行ったり、タバコやお酒を買うことまでが「贅沢」として非難されることもある。当たり前のことだが、生活保護受給者には、一般の人と同様の人権が認められている。タバコを吸う、お酒を飲む、パチンコに行く、そうしたことを含めて、自由に自分の生活を選択する権利がある。ただし、それらの度があまりにも過ぎて、生活がままならないほどお金を使いこんでしまったり、体を壊してしまう場合は問題といえるだろう。その場合も、そうした人が生活保護を受けることが問題なのではなく、お酒やパチンコ以外に生きがいがなく、依存してしまう生活環境が問題なのである。こうしたことこそ、自立支援によって解決すべき問題の一つなのだ。

生活保護に対する誤解、無理解が蔓延したことで、生活保護を受給することに対する心理的ハードルが高まってしまった。お酒やタバコがやめられないといったちょっとした「無駄遣い」や、仕事や人間関係上の「失敗」など後ろめたい気持ちの原因は誰にでもある。そんな誰にでもある「後ろめたさ」が槍玉にあげられることで、生活保護などの福祉制度を利用する人は、品行方正、清廉潔癖でなければならないような風潮が出来上がってしまっている。そんな人はほとんどいない。そうではない普通の人にとって、福祉事務所などの福祉にかかわる行政機関は、近寄りがたい場所となり、貧困問題は隠れてしまうのだ。

とくに「子ども」の貧困は隠れてしまいやすい。なぜなら、「子ども」の貧困は、その親からも認識されにくいためだ。図表8―⑤は、子ども一人と両親だけの世帯の消費支出を、全国平均と生活保護基準に近い年収三〇〇万円～四〇〇万円の世帯平均を比較している。全国平均を一〇〇としたとき、生活保護基準に近い世帯の消費支出全体は六七・四と三分の二ほどに低下している。一方で、教育にかける支出は四三・五と半分以下に落ち込む。家賃や光熱費、通信費など、どうしても支払わなければならない出費を抑えるのは難しい。苦しい家計のなかで、子どもの教育にかけるお金は、「節約できるところ」になってしまっているのである。

親からすると、自身が学校や塾に通っているわけではないので、子どもの目線でどれほどの格差がついているのか認識しにくい。そして、子どもにかけるお金を節約し、家計の赤字は免れている

図表８―⑤　子どもの貧困と教育格差家計に占める教育費
（夫婦と子どもが１人（小・中学生）の勤労者世帯）2009年

収支項目	全体平均	300万円以上 400万円未満	全体平均 ＝100
	平均額（円）	平均額（円）	
年間収入（千円）	7,237	3,497	48.3
可処分所得	405,960	258,586	63.7
実支出	390,141	243,357	62.4
消費支出	300,315	202,267	67.4
食料	68,788	52,896	76.9
住居	18,828	21,053	111.8
家賃地代	15,964	20,247	126.8
光熱・水道	17,505	17,385	99.3
家具・家事用品	8,119	6,838	84.2
被服及び履物	13,408	6,812	50.8
保健医療	10,490	6,961	66.4
交通・通信	49,955	33,536	67.1
通信	15,161	13,589	89.6
教育	13,771	5,991	43.5
教養娯楽	35,753	19,668	55.0
その他の消費支出	63,696	31,126	48.9
交際費	14,304	7,145	50.0
非消費支出	89,826	41,090	45.7
直接税	40,603	10,942	26.9
社会保険料	49,112	30,006	61.1

出典：総務省「全国消費実態調査」

状態では、やり繰りを頑張っているのだという認識と相まって「貧困」とは自認しづらい。二〇一〇年に厚生労働省は、生活保護基準以下の世帯のうち、実際に生活保護を受けている割合、いわゆる「捕捉率」を公表した。その割合は全世帯で三二・一％と低いことが話題となったが、子どものいる世帯に限ると一八・七％とさらに低くなる。「うちはお金持ちではないけど、生活保護を受けるほどじゃない」。そのように考える家庭のなかに、多くの子どもの貧困が隠れてしまっているのだ。貧困対策は、こうした隠れた貧困に、積極的にアプローチするものでなければならない。

3　子どもの貧困対策のこれからに向けて

(1) 民間活動の活性化

これまで見てきたように、子どもの貧困対策法にもとづいた支援は、多くの制約を抱えている。貧困家庭を下支えする所得保障制度が十分に用意されていないなかで、相談支援や学習支援など対人援助でできることには限界がある。また、対人援助を進めるために、市民と行政のつなぎ役となるべきボランティア・NPO法人などの社会資源も、とくに地方都市では不足している状況にある。今後、子どもの貧困問題に関心がある人が、一人でも多く支援活動に参加し、活動が活性化することに期待したい。

NPOなど民間の社会資源が不足する状況を打開する一手として、政府は「社会福祉法人制度改革」を進めようとしている。社会福祉法人とは、介護や社会的養護のための施設運営など、公共性の強い社会福祉事業を担う公益法人の一つだ。行政とほぼ同等の責任で社会福祉の事業を受け持つため、税制上優遇され、施設の整備費用に国や自治体から補助が受けられる。二〇〇〇年に介護保険が施行されて以降、規制が大きく緩和されて、社会福祉事業には社会福祉法人以外にも株式会社やNPO法人など民間事業者が多く参入するようになった。そうした新しい社会福祉の事業者に対して、旧来からある社会福祉法人は、様々な優遇措置を受けられるので不公平だとする批判が強まっている。こうした批判を受けて、社会福祉法人が他の民間法人とは違った、独自の公共性があることを示すための改革が進められている。その一環として、社会福祉法人に生活困窮者に無料・低額な料金の福祉サービスの提供など、社会貢献活動の実施を義務付けられようとしている。

しかし、そのための費用は各社会福祉法人が、独自に捻出しなければならない。規模の小さい法人では、大きな負担となる恐れがある。何より、「義務付けられた社会貢献活動」が、市民にとって本当に有益な活動となるのか、大いに疑問が残る。やはり子どもの貧困問題に積極的に関わるボランティア・NPO等団体の新たな参加が、それぞれの地域で必要だ。

こうした活動に関心がある人のなかには、「子どもにちゃんと勉強を教えられるか自信がない」とか「難しい問題を抱えた子どもと出会ったときに、どう対処したらいいかわからない」と二の足を踏んでいる人も多いのではないだろうか。だが、心配はいらない。子どもの貧困対策法のプログラムそれ自体が、完璧な支援を提供できるものとなっていないからだ。所得保障制度が十分でないなかで、学習支援や相談支援だけ行っても、それらだけであらゆる問題を突破できるほど、現在の日本社会の格差は甘くない。誤解を恐れずに言えば、現在の支援体制が完璧でないのだから、そこに参加する人も「完璧な人」である必要はないのだ。

むしろ、教育や福祉の専門家でなく、そうしたことに関わりが少ない一般の市民にこそ、何らかの活動に参加し、困難を抱えた子どもたちの存在と、その子どもたちをめぐる社会の状況を肌で感じてもらいたい。多くの一般市民が現状を理解するなかで、現在の子どもの貧困対策法、生活困窮者自立支援制度の問題点や、そのほか福祉制度の限界も見えてくるだろう。それが、子どもの貧困対策を次なるステップに進める力になってゆくはずだ。

そう考えれば、支援の方法も学習支援や生活の相談にとらわれる必要はないだろう。スポーツを教えたり、レクリエーションを企画したり、子どもたちと触れ合う機会となればどんなことでもいい。虐待やひきこもりなど、特に複雑な問題を抱えた子どもたちにとって、まずは居場所を作ることが先決だ。それはただ、空間としての居場所（place）ではなく、心の居場所（home）でなければならない。子どもたちと触れ合う機会を持ち、少しずつお互いを理解しあえる関係を築くことが、まず先決だ。そのうえで、社会福祉の制度利用や学習支援など、その先の支援が見えてくるだろう。そこまでいけば、「その先の支援」は、行政や福祉・教育の専門家に任せればいい。

⑵　社会資源をつなげる

そこで重要になってくるのが、活動に参加する団体、医療・福祉機関、行政、民生委員、学校などの連携だ。それぞれの個人・組織には活動内容の限界がある。連携により互いの力を補い合うことが可能となる。生活困窮者と福祉や行政との間に深い隔たりができてしまっている現在の状況では、既存の福祉・行政機関が、困難を抱えたすべての子ども・家庭に働きかけることは難しい。社会福祉法人改革により、多くの社会福祉施設が生活困窮者支援に関わることになっても、その状況は変わらないだろう。隠れた子どもの貧困にアプローチするためには、既存の枠を超えた連携が必要になる。

第Ⅰ部で紹介したのびのびフリースペースの喜多氏のように、これまで、福祉・行政機関と連携していなかった活動のなかにも、長い経験と子どもたちとの深いかかわりを持っている活動はある。近年、子どもの貧困問題への関心が高まるなかで、自主的に学習支援活動を開始する民間団体も増えている。まずは、様々な活動団体が交流し、問題意識を共有して子どもの貧困問題に立ち向かっていくこと、それが第一歩だ。

注

※1 「平成二七年度生活保護受給者・生活困窮者の就労の促進に関する協議会資料」二〇一六年一月二七日。

文献

埋橋孝文編著『生活保護（福祉＋α）』（ミネルヴァ書房、二〇一三年）。

五石敬路『現代の貧困　ワーキングプア――雇用と福祉の連携策』（日本経済新聞出版社、二〇一一年）。

布川日佐史「生活保護改革と生活困窮者自立支援法創設」貧困研究Vol.12（二〇一四年）一八～二六頁。

湯澤直美「『子どもの貧困対策の推進に関する法律』の制定経緯と今後の課題」貧困研究Vol.11（二〇一三年）五〇～六〇頁。

エピローグ——外からみた地方都市の現状と課題

この本の企画を初めに立ち上げたのは、志賀信夫さんだった。私のほうに話を持ちかけられたのは、たしか二〇一五年の夏ごろだったと思う。その半年ほど前、私がそのとき勤めていた法政大学大原社会問題研究所の大原社会政策研究会という研究会で志賀さんに報告をしてもらい、そのあとの懇親会で意気投合していた。宮崎での子どもの貧困対策のプロジェクトに協力してほしい、とにかく一度宮崎に来てほしいと。あれよあれよという間に話が進んで、私が出版予定の図書（本書）の共編著者となり、一一月二二日に宮崎県日向市で行われるシンポジウムで、子どもの貧困問題について報告することも決まった。

その年の夏、私は『生活経済政策』という雑誌に、「子どもの貧困対策法と貧困の概念」という論文を掲載していただいていた。そのときの私は、とにかく子どもの貧困対策法に対して、諦めと憤りが入り混じった気持を持っていた。学習支援や相談支援ばかりで、子どもの貧困問題が解決できるわけがない。学習支援に力を入れるということは、結局、貧しくならないためには勉強ができなきゃダメ。裏を返せば、貧しいのは勉強を頑張らなかった本人の責任。そういう考えに行きついてしまう。私は、そのことに強い危機感を持っていた。同時に貧困問題がメディアに取り上げられ、生活に困窮した人たちに同情を寄せても、ではどうやって解決してゆけばいいのか、そこまでの考えに至らない一般の人たちにも、同様の気持ちを抱いていた。

とはいえ、シンポジウムにはこれから子どもの貧困対策に何か協力をしたいという人も出席し、そのなかには、学習支援に取り組んでみようという人もいるだろう。「そんなやり方じゃダメ」などと、頭ごなしに否定するわけにはいかない。さらに志賀さんの話によると、日向市は人口も少なく、都会とは勝手が違うという。都市部で話題となっている格差や貧困などといった問題も、そんな地域ではとるに足らないことと、軽くあしらわれてしまうのではないか。恥ずかしながら、それまで一度も宮崎には足を踏み入れたことがなかった私は、そんなことを心配していた。シンポジウムの前日まで他の仕事に追われ、慌ただしい日が続くなか、不安感が日に日に増していた。

日向にやってきて、本書の執筆者である喜多裕二さん、片田正人さんにもお会いし、少しだけ安心しつつ報告をした。決して広くはない会場だったが、参加者で一杯になっていて、東京でさえほとんど無名な私の話を、真剣な目で聞いてくれていたことが、今でも印象に残っている。子どもの貧困対策法の批判点を述べつつ、実践的な支援活動をしながら、貧困問題そのものの理解や対策のあり方を考え直していこう、といった趣旨で締めくくった。

さて、報告が終わって、休憩をはさみ、質疑に入った。すると、次から次と手が上がる。なぜ日本では貧困問題が理解されないのか、貧困状態にある人とそうでない人をどう線引きしたらいいのか、そんな鋭い質問が、次々と投げかけられた。日向に来る前に私が抱いていた心配事は、この土地の人たちにとって、まったく失礼な思い違いだった。ボロを出さないように必死に回答しながら、私は己の不明を恥じた。貧困問題に関心がないどころか、むしろ「わが町の問題」だからこそ、本気で解決しなければならないと思うのではないか。それからというもの、私は地域レベルで取り組める社会活動や政策への関心を増していった。

本書のタイトル「地方都市から子どもの貧困をなくす」は、編集者の真田聡一郎さんに提案していただいたものだ。もともとは「地方都市の子どもの貧困」と、無味無臭なタイトルを考えていた。「なくす」という強気な言葉に、初めは抵抗があった。タイトルの決定に迷っているとき、宮崎市でお会いした石井記念友愛社の理事長、児嶋草次郎先生の言葉を思い返した。児嶋先生からは「あなたたちが言うような問題は、一〇〇年かかっても解決は難しいだろう。それでもやる気はあるか」。そういった質問を投げかけられた。私は売り言葉に買い言葉もあり、「むしろ、一〇〇年やり続けられる、そんな社会活動を作らなければならない」と答えた。あの言葉に偽りがないことを示さなければ、そう思い返した。

児嶋先生の言葉どおり、一つの社会問題を解決することは簡単ではない。特効薬のような政策があるわけではないし、効果的な政策も一般市民がその必要性を理解し、同意しなければ実現には至らない。そのためには、ただ社会問題の実態を一般市民に知ってもらうだけでなく、根気強く立ち向かえば解決できるのだという、強い意志を束ねていかなければならない。今すぐは無理でも、これから少しずつそれを実現してゆけばいい。そういう気持ちを込めて、「市民・行政の今とこれから」という副題を添えた。

私も志賀さんも、図書の編者となった経験がこれまでになく、まったくの手探り状態だった。そうしたなかで進めた本書の出版と、九州での調査やシンポジウムなどの企画は、本書の執筆陣はもちろん、そのほか多くの方々に支えていただいた。九州での活動を、ネットワークをはじめ様々な面で支援していただいた黒木秀文さん、われわれ素人を相手に根気強く付き合っていただいた旬報社編集部の真田さんには、とくにお世話になった。また、日向市市民福祉部の伊達忠亮さん、日向市生活相談・支援センターの関野ゆかりさん、NPO法人「ままのて」の原田陽子さん、NPO法人「抱樸」の青木悠輔さん、齋藤直子さん、石井記念友愛社の児島理事長、内藤和人事務長、ほか多くの方々に調査に協力していただいた。

多くの方々に支えられ送り出すことができた本書が、子どもたちを包み込むネットワークを繋ぐ一本の糸になることを願って。

畠中　亨（帝京平成大学地域医療学部）

著者紹介

＊志賀信夫（しが　のぶお）

1982年生まれ。宮崎県出身。大谷大学文学部社会学科助教、宮崎県北部地域排除しないまちづくり「結い」所属。一橋大学大学院社会学研究科博士後期課程修了。博士（社会学）。専門領域は貧困理論、社会政策、社会保障。主な著書に『貧困理論の再検討』〈単著〉（法律文化社、2016年）、『包摂都市を構想する』〈共著〉（法律文化社、2016年）がある。

＊日田　剛（ひた　つよし）

1978年生まれ。九州保健福祉大学社会福祉学部助教、NPO法人「ままのて」理事。九州保健福祉大学大学院社会福祉学研究科修士課程修了。修士（社会福祉学）。専門領域は権利擁護論、公的扶助論。主な論文に「専門職後見人の課題に関する研究」最新社会福祉学研究９号（2014年）がある。

＊畠中　亨（はたなか　とおる）

1979年生まれ。帝京平成大学地域医療学部助教。中央大学大学院経済学研究科博士後期課程修了。博士（経済学）。専門領域は社会政策、社会保障、労働経済。主な著者に『よくわかる社会政策〔第２版〕』〈共著〉（ミネルヴァ書房、2014年）、『変化の中の国民生活と社会政策の課題』〈共著〉（中央大学出版部、2015年）がある。

＊坂本毅啓（さかもと　たけはる）

1975年生まれ。北九州市立大学地域創生学群准教授。四天王寺国際仏教大学（現・四天王寺大学）大学院人文社会学研究科人間福祉学専攻博士後期課程単位取得満期退学。修士（社会福祉学）。社会福祉士。専門領域は社会福祉学、社会保障。主な著書に『現代社会と福祉』〈共編著〉（東山書房、2015年）がある。

＊掛川直之（かけがわ　なおゆき）

大阪市立大学都市研究プラザ特別研究員（若手・先端都市）。大阪市立大学大学院創造都市研究科博士後期課程在籍。修士(都市政策)。法務博士(専門職)。専門領域は犯罪社会学、司法福祉学、居住福祉学。主な著書に『地域で支える出所者の住まいと仕事』〈共著〉（法律文化社、2016年）がある。

＊片田正人（かただ　まさと）

1969年生まれ。行政書士片田正人事務所代表、宮崎県北部地域子どもの貧困対策連絡協議会「結い」事務局長。名古屋大学経済学部経済学科卒業。

＊喜多裕二（きた　ゆうじ）

1953年生まれ。70年代後半から相模原でフリースクールの原型ともいえる教室を主宰、様々な悩みを抱えた子ども達と関わる。宮崎に帰郷後2000年より、「のびのびフリースペース」を主宰。メールなどで関わった子ども達は全国に及ぶ。宮崎県北部地域子どもの貧困対策連絡協議会「結い」所属。

地方都市から子どもの貧困をなくす
——市民・行政の今とこれから

2016年6月10日　初版第1刷発行

編著者　志賀信夫＋畠中　亨
装　丁　株式会社ネオプラン
発行者　木内洋育
編集担当　真田聡一郎
発行所　株式会社旬報社
〒112-0015 東京都文京区目白台2-14-13
TEL 03-3943-9911　FAX 03-3943-8396
ホームページ　http://www.junposha.com/
印刷・製本　シナノ印刷株式会社

ISBN978-4-8451-1465-8　C0036